COMING COMING HOME

Conversations II

SELECTED BOOKS BY HOUSE OF NEHESI PUBLISHERS

The Republic of St. Martin
Joseph H. Lake, Jr.

An Introduction to Government
ISLAND TERRITORY OF ST. MAARTEN
Louis Duzanson

Know Your Political History
Edgar Lynch, Julian Lynch

Colorful Religion
FIFTY MINI-STORIES OF THE CARIBBEAN CHURCH
(1701-1998)
Gerard van Veen

Brotherhood of the Spurs
(fiction, short stories)
Lasana M. Sekou

The Rainy Season
Drisana Deborah Jack

National Symbols of St. Martin
A PRIMER
Edited by Lasana M. Sekou

Pass It On!
A TREASURY OF VIRGIN ISLANDS TALES
Jennie N. Wheatley

COMING COMING HOME
Conversations II

Western Education and the Caribbean Intellectual
Coming, Coming, Coming Home

MONOGRAPHS BY GEORGE LAMMING

INTRODUCTION BY REX NETTLEFORD

FRENCH TRANSLATION BY DANIELLA JEFFRY

HOUSE OF NEHESI PUBLISHERS • ST MARTIN, CARIBBEAN

HOUSE OF NEHESI PUBLISHERS
P.O. Box 460
Philipsburg, St. Martin
Caribbean

WWW.HOUSEOFNEHESIPUBLISH.COM

Copyright © 2000, 1995 by George Lamming
Design Copyright © 2000, 1995 by House of Nehesi Publishers
French translation Copyright © 2000, 1995 by House of Nehesi Publishers

All rights reserved. No part of this book may be reproduced or transmitted in any form or by any means, electronic or mechanical, including photocopying, recording, or by any information source and retrieval system, without permission in writing from the Author and Publisher.

ISBN: 0-913441-48-1
Library of Congress Control Number: 00-134170

Acknowledgment: Fabian Badejo, Philipsburg Jubilee Library.
Spanish translation of this book is available from
House of Nehesi Publishers under the title *Regreso, regreso al hogar: Coversaciónes II,* © 2000

Cover Design by Carol Lewis-Mauge
Water-color: Romare Bearden's *Dragging the Net*. Private Collection
Photography: Island Photo Studio; Saltwater Series Collection

To the memory of
GORDON LEWIS,
*who made this archipelago his home
and graced it with his scholarship.*

CONTENTS

	page
Introduction	*ix*
PART I	
Western Education and the Caribbean Intellectual	3
PART II	
Coming, Coming, Coming Home	29

SOMMAIRE

	page
Introduction	*51*
Première Partie	
L'Education Occidentale et l'Intellectuel Caribéen	57
Deuxième Partie	
Retour, Retour, Retour aux Sources	83
Bibliograhpy/Bibliographie	*102*
Sur l'Auteur	*103*

INTRODUCTION

"I DO NOT THINK THERE HAS BEEN ANYTHING IN HUMAN HISTORY quite like the meeting of Africa, Asia, and Europe in this American archipelago we call the Caribbean."

There may well have been. But we are forced to ponder seriously on this view coming, as it does, from George Lamming, one of the Caribbean's finest intellects and foremost literary artists whose creative imagination has primed our consciousness to arousals not of anger but of a will "to be" on terms that faithfully reflect the region's diverse historical experience and textured existential reality.

In the thought-provoking, stimulating essays which follow, Lamming summons us to the urgency of our obligations. The elegance of his utterance should not in any way detract from the gravity of the challenge. He reminds us that it is "... so recent since we assumed responsibility for our own destiny, that the antagonistic weight of the past is felt as an inhibiting menace.... and that ... the most urgent task and the greatest intellectual challenge" is indeed, "how to control the burden of this history and incorporate it into our collective sense of the future."

The young among us will hopefully be facilitated to take a hold of their destiny as part of their rite of safe passage into the new millennium by: *a.* The early years of parental nurturing, however flawed; *b.* The structured periods of formal involvement through education in serious intellectual inquiry (at whatever level) and painstaking analysis of the unruly phenomena investigated; and *c.* The sustained efforts to make sense of the cacophony of Caribbean existence with iconic guidance from the likes of a Lamming.

It could not be otherwise since all of us who tenant the

Americas are the creatures of that awesome process of "becoming," consequent on the historic encounters between diverse cultures from both sides of the Atlantic in circumstances that have forged tolerance out of hate and suspicion, unity within diversity, and a culture of peace out of conflict and hostility. The on-going struggle demands from all with the gift of knowledge and insight, the commitment of self in the continuing development of humankind.

What we have learnt from history will have sharpened insights about ourselves in the process or cross-fertilisation—the great art of humankind's "becoming" out of the dynamism of the synthesising of contradictions. For this is the story of life in all the Americas of which our Caribbean is a pivotal and integral part for all of the past half a millennium. This is, indeed, the source and stuff of great literature, great art, great social structures, of sturdy crucibles of human understanding, of great intellectual achievement in science and the humanities from ancient times to this day.

The Lamming essays are themselves part of the current discourse which targets the historical, cultural, and scientific implications of the pan-hemispheric encounters that will continue to be of global importance well into the twenty-first century. For if the events of 1492 represented a high point in the development of human thought and vision, the challenge for the Caribbean and the rest of the Americas at end-of-century must be seen as a further expansion of thought in the exploration, discovery, and forging of new and appropriate ontologies, cosmologies, and epistemologies as part of the unending quest by *Homo sapiens* for new horizons in pursuit of human growth and development.

And this is so despite the stubborn persistence of, as Lamming describes it, that "dominant mode of thought" reinforced by the Columbus enterprise and developed through slavery and colonialism. That mode of thought divided the world into the civilised One and the barbaric Other, between

Christians and heathens, superordinate and subordinate, developed and underdeveloped, the haves and the have-nots, the metropole and the periphery. It may well be to the lasting credit of Caribbean peoples that they have never succumbed in any real sense to the Conqueror's binary indulgence.

Our multi-culturalism (rather, our inter-culturalism), our multi-ethnicity, plurality of views about politics, economics and society, religious diversity, and the difference in artistic products should not, however, tempt us into responses leading to global homogenisation and mono-dimensional drabness. The dilemma of difference is, after all, a rich source of energy for sustained growth and social dynamism. "Mainstreams" get sluggish without replenishment from life-giving tributaries. Our multi-sourced existence, for all the systematic contradictions, is our greatest asset rather than the life-threatening liability some would make it out to be. There is everything right with texture as against the flat surfaces of an existence bereft of challenges demanding grit and stamina.

I invite all readers, and especially the young among us, to a fuller understanding of the contradictions and complexities of a world in which the ordinary man and woman in our still groping region has long been required to conduct his/her daily life with the dialectical savvy born of our historical experience and contemporary realities. Life is deeply rooted in the continuing struggle which began ever since the first European arrived to the welcome of Native American resistance and the first African slave set foot on American soil. There remains a struggle for human dignity, social justice, individual freedom, and for that inheritance of civilised existence in human-scale communities.

This, Lamming rightly insists, is the legacy of both the Haitian and Cuban revolutions. Toussaint l'Ouverture, Dessalines, José Martí and his twentieth century heir Fidel Castro, in fact, "symbolise a regional process of struggle and liberation of the mind" which is "an essential part of the journey toward the fulfillment of regional integration." And in his characteristic cry for cultural certitude, Lamming eloquently asserts that "Both revolutions were rooted in a cultural base and remind us that we must recognise and cultivate that organic connection between cultural activity, as a mirror and interpretation of the national/regional spirit and our political aspirations for a new kind of sovereignty."

The chaotic, turbulent twenty-first century which is already upon us is likely to be grateful for the commanding presence of Lamming and his kind, since we all come as the legatees of a great tradition of Discovery—not the discovery by that much celebrated Genoan Wanderer, but as I have said elsewhere, the discovery of the diversity of human endeavors and the unity that underpins that diversity; discovery not only of the inevitability of change but also of the regulative principles that underlie all change; and the discovery that power has less to do with wanton coercion and more with the ability of human beings to make definitions about themselves on their own terms and to follow through creatively with action on the basis of such definitions.

The vision and creativity of Lamming constitute the living evidence of both the capacity for such self-defining and the capability of creative action consequent on our self-definitions. We are fortunate to have him share his intellect and imagination so willingly and so generously with us at this time.

REX NETTLEFORD
Pro Vice Chancellor
University of the West Indies
Jamaica, Caribbean

PART I

WESTERN EDUCATION AND THE CARIBBEAN INTELLECTUAL[1]

*The starting point of critical elaboration is the consciousness of what one really is, and is knowing "thyself" as a product of the historical process to date, which has deposited in you an **infinity of traces**, without leaving an **inventory** ... therefore it is imperative at the outset to compile such an inventory.*

ANTONIO GRAMSCI

THE TERMS WEST AND WESTERN, applied to education—which may be interpreted very widely as the transmission of culture—in our experience, represent power which has resided historically in a minority of men who never considered themselves an organic part of the landscape they controlled. Their own inventory provides a record of enormous crimes. But they owed allegiance to a tradition which had never been severed completely from its own humanity, and therefore such a tradition found itself condemned to the human obligation of offering some moral justification for a totalitarian exercise of authority which was, in practice, immoral. For many centuries after the arrival of Columbus in the Americas, Caribbean society provided various examples of this genocidal contradiction.

Columbus's journals are among the earliest examples of European travel literature at its most exotic.

> I saw so many trees very unlike those of our own country. Many of them have their branches growing in different ways and all around one trunk, and one form or another in a different shape, and so unlike that it is the greatest wonder in the world to see

> the great diversity. I can never tire my eyes looking at such lovely vegetation.... The birds and flowers are uncommonly beautiful. I was so delighted with the scene, that I had almost come to the resolution of staying **here for the remainder of my days**.... These countries far surpass all the world in beauty and convenience.

This is the language of the salesman whose exuberance is intended to inspire confidence in those who have founded the enterprise which is the discovery of Gold. The native populations share a similar uniqueness with the landscape in the beauty of their communal relations.

> They brought us parrots, balls of cotton thread, spears and many other things ... that they exchanged for glass beads.... They do not bear arms.

A chorus of other voices follow the Admiral's example:

> ... they put no value on gold and other precious things. They lack all manner of commerce, neither buying or selling, and rely exclusively on their natural environment for maintenance. They are extremely generous with their possessions....

And as though there were no pause in these reflections on vegetation, mineral resource, and men, the Admiral reveals his most urgent intention.

> They would make fine servants.... With fifty men we could subjugate them all and make them do whatever we want.

The fifteenth century is compressed into a moment that reminds us of our own: "... we could subjugate them all and make them do whatever we want." Image and stereotype become inseparable in a mode of perception that is regulated to achieve a certain moral justification for acts of conquest that will lead inevitably to a people's doom. Within fifty years of his landing, the native population of the Indies would be reduced to an unrecognisable fragment of its original numbers. Genocide was the first chapter in the post-Columbian history of the Caribbean.

The metropole had found an imperial frontier which fed its imagination with a most attractive reservoir of myths. There arose a costly and dreadful concept that would take root in the European mind: the concept of the Noble Savage, most necessary to the White man's experiment in civilisation, and quite dispensable at the slightest sign of resistance to White conversion. This myth of the Noble Savage would serve two distinct and complementary functions in the essays of Michel de Montaigne:

> Our world has lately discovered another, well peopled, and fruitful as this whereon we live, and yet so raw and childish, that we yet teach it its a, b, c; tis not above fifty years since it knew neither letters, weights, measures, corn, nor vines; it was then quite naked in the mother's lap, and only lived upon what she gave it.... I am greatly afraid that we have very much precipitated its declension and ruin by our contagion, and that we have sold it our opinions and our arts at a very dear rate....

The Noble Savage here becomes the barometer by which the metropole can measure the delinquencies of its own civilisation; and its confidence is large enough to let it affirm any scale of ruin without feeling loss of status. A second function of the myth allows for a theory of cultural relativity. In "Of Cannibals" Montaigne continues:

> I find that there is nothing barbarous and savage in this nation, by anything that I can gather, excepting, that everyone gives the title of barbarism to everything that is not in use in his own country. As, indeed, we have no other level of truth and reason, than the example and idea of the opinions and customs of the place wherein we live.... They are savages at the same rate that we say fruits are wild, which nature produces of herself, and by her own ordinary progress; whereas in truth, we ought rather to call **those wild, whose natures we have changed by our artifice**, and diverted from the common order....

We cannot be sure what is the common order, but Montaigne would hardly claim it to be the order in which his own intellect resides. Those who are savage in the same way that fruits are wild risk pollution from any contact with Europe; and a worse fate awaits those who, "changed by our artifice," will, inevitably, collapse into a truly authentic wildness. This is, I presume, the proper category in which we should place the contemporary intelligentsia of the entire post-colonial world.

"Man of two worlds," "split personality" are among the cliché descriptions which impede free dialogue between Europe and those aliens who have mastered the grammar of European thought and employ it for purposes that are in conflict with Europe's conception of itself as the original and ultimate custodian of all human thought. This is not an easy mountain to climb if you are in any mood to go climbing: to be Noble Savage is to become invisible to the other. To be Converted Savage is to be lost in an intellectual schizophrenia that cannot be redeemed. They are wiser, perhaps, who followed a human tradition of resistance as the Caribs did, and whom the myth elevated to the ranks of barbarism. Indeed, barbarism became the name of any form of effective physical resistance and the **condition** which separated militant men and women from that state of grace which was White, human, and in essence, superior to all other forms of animal existence.

The Admiral of the Ocean Sea, a man who sailed with the absolute conviction that God had destined him to be His divine instrument for spreading the faith; this sailor had hardly set eyes on those noble savages before the thought occurred, and most naturally, "... we could subjugate them all and make them do whatever we want." Subjugation and servitude became the logical instruments of social intercourse between Europe and all others. From the day of Columbus's arrival, the ideology of racism became the foundation of all Caribbean history which, for the next three centuries, would be decided by force.

In *The Buccaneers and Marooners of America,* the Dutchman John Esquemeling, coming some two hundred years after Columbus, talks the only language that Europe understood:

> We know that no peace could ever be established beyond the line, since the first possession of the West Indies by the Spaniards, till the burning of Panama.... Until that time the Spanish inhabitants of America being, as it were, in a perpetual war with Europe, certain it is that no coasts nor kingdoms in the world have been more frequently infested nor alarmed with the invasions of several nations than theirs. Thus from the very beginning of their conquests in America,... English, French, Dutch, Portuguese, Swedes, Danes ... and all other nations that navigate the ocean, have frequented the West Indies and filled them with their robberies and assaults.

It is almost impossible to do justice to the unique brutality of thought and feeling which became the European consciousness in its insatiable hunger for gold which, by the eighteenth century, had transformed sugar into the value of steel and oil in our time. In "Heart of Darkness," the novelist Joseph Conrad comes near to catching that atavistic rage when he encounters it in the Congo in the 1890s.

> They were conquerors, and for that you want only brute force—nothing to boast of when you have it, since your strength is just an accident arising from the weakness of others. They grabbed what they could get for the sake of what was to be got. It was just robbery with violence, aggravated murder on a great scale, and men going at it blind—as is very proper for those who tackle a darkness. The conquest of the earth, which mostly means the taking it away from those who have a **different complexion or slightly flatter noses than ourselves,** is not a pretty thing when you look into it too much.

But this enterprise, however barbarous in execution and result, can be redeemed by the recognition and practice of a genuine imperial responsibility. "What redeems it," Marlow continues, "is the idea only. An idea at the back of it; not a sentimental pretence but an idea; and an unselfish belief in the idea—something you can set up, and bow down before, and offer a sacrifice to...."

Conrad, the Pole, the exile, the eternal foreigner, seeking assimilation into the mainstream of English manners and authority, has no doubt where this idea could be located. He admits to having complex feelings about the Boer War; but he knows whose flag deserves his loyalty: "That they—the Boers—are struggling in good faith for their independence cannot be doubted; but it is also a fact that they have no idea of liberty, which can only be found under the English flag all over the world...." This gift of empire from those whom colour has denied the status of personhood has a long, resilient tradition in the European consciousness. The Congo had taken place much earlier under the agency of the Admiral Columbus. Murder, torture, and rape which initiated the Spanish legacy of syphilis had soon exterminated a people who had surprised their intruders because they "put no value on gold and other precious things ... lack all manner of commerce,... and ... are extremely generous with their possessions." This was not a pretty thing, as Marlow would say.

But the Spanish historian, Juan Gines de Sepúlveda, reviewing these horrors more than three centuries before the 1890s Congo holocaust, had already understood the redeeming power of the idea.

> It does not appear to me contrary to justice that they be taught just and humane ways. These people require by their own nature and in their own interest to be placed under the authority of civilised and virtuous princes and nations, so that they learn from the might, wisdom and law of their conquerors to practice better morals, worthier customs, and a more civilised way of life....

Of course, the moral dilemma is not closed by Sepúlveda. For Bartolomé de las Casas, a product of the same tradition, would battle with this view, and argue:

> All peoples of the world are men ... all have understanding and volition, all regret and abhor evil.... No nation exists today, nor could exist, no matter how barbarous, fierce or depraved its customs may be, which may not be attracted and converted to all political virtues and to all humanity of domestic, political, and rational men.

But this Christian humanist perspective would not break ranks with the divine right of the Spanish Church to ensure the evangelisation of the Indians. This ambition, now felt as a moral obligation, to control and govern the noble savages of a tropical world from enormous distance carried immense risk and difficulty, but, according to English sociologist Benjamin Kidd, it had to be undertaken "if the civilised world is not to abandon all hope of continuing its economic conquest of the natural resources of the globe." The civilising mission was, therefore, inextricably woven into the dominant material interest which had no room in its vocabulary for the word "enough" and pursued its ultimate mission as the "economic conquest of the natural resources of the globe."

The Western conception of its role matured into a doctrine of imperial responsibility. The rival powers may argue about their appropriate claims to territory but there was a settled assumption about their hierarchical relation to those who came under their control. From 1815 to 1914, according to Harry Magdoff in the *Encyclopædia Britannica*, "European direct colonial dominion expanded from 35% of the earth's surface to about 85% of it." This statistic illuminates Jean-Paul Sartre's contention in his introduction to Franz Fanon's *Wretched of the Earth*:

> Not so very long ago, the earth numbered two thousand million inhabitants: five hundred million men, and one thousand five hundred million natives.

So Sepúlveda's blunt assertion in the sixteenth century: "It does not appear to me contrary to justice that they be taught just and humane ways," finds almost an exact echo in the more liberal and rational claim of Lord John Dalberg Acton two hundred years later.

> Subjection to a people of higher capacity for government is of itself no misfortune; and it is to most countries the condition of their political advancement. A nation can obtain political education only by dependence on another.

Far to the left of Acton, radical and progressive in his critique of imperialism, J. A. Hobson in the book of that title yields to the received wisdom of the ages and concedes

> that all interference on the part of civilised white nations with 'lower races' is not *prima facie* illegitimate ... but such interference cannot safely be left to the private enterprise of individual whites. If these principles be admitted, it follows that civilised governments may undertake the political and economic control of lower races—in a word, that the characteristic form of modern imperialism is not under all conditions illegitimate.

The decisive influences shaping this world view were the acquisition of knowledge and power: the triumph of science over religion as a direct revelation of reality and the superior force of arms.

This heritage of imperial responsibility became a natural ingredient in Euro-America's concept of its destiny. It had settled the issue of slavery without disturbing the ideology of racism which would provide the nation with its most powerful bond of unity. The segregation of the Black presence intensified the menace which it posed, and rescued White America from any severe conflict of class struggle within itself. If democracy could not take root at home, the idea of it could be propagated abroad. Marlow's idea is at work with a vengeance in the confessions of United States President William McKinley to a group of senators in 1898:

> I walked the floor of the White House night after night until midnight; and I am not ashamed to tell you, gentlemen, that I

went down on my knees and prayed Almighty God for light and guidance more than one night. And one night it came to me.... 1) That we could not give them *(The Philippines)* back to Spain—that would be cowardly and dishonorable. 2) That we could not turn them over to France or Germany ... that would be bad business and discreditable. 3) That we could not leave them to themselves—they were unfit for self-government—and they would soon have anarchy and misrule over there worse than Spain's was; and 4) That there was nothing left for us to do but to take them all and to educate the Filipinos, and uplift and civilize and Christianize them, and by God's grace do the very best we could by them, as our fellow men for whom Christ also died. And then I went to bed and went to sleep and slept soundly.

But when McKinley sleeps soundly, we are aroused by nightmares; for these simple, pentecostal crudities would be refined by more intimidating intellectual argument that would become the decisive influence and the moral justification of United States foreign policy. It is stated with characteristic confidence by Henry Kissinger in an essay, "Domestic Structure and Foreign Policy" in 1974:

> The West is deeply committed to the notion that the real world is external to the observer, that knowledge consists of recording and classifying data—the more accurately the better.... Cultures which escaped the early impact of Newtonian thinking have retained the essentially pre-Newtonian view that the real world is almost completely internal to the observer.... Empirical reality has a much different significance for many of the new countries than for the West because, in a certain sense, they never went through the process of discovering it.

The old dichotomy of civilised and uncivilised, Christian Prince and Noble Savage acquires a more palatable and deadly device of neatly carving the world up into those who have retained a pre-Newtonian conception of reality, and those for whom the real world is a construct of systematic thought and scrupulous intellectual order. It does not, of course, explain how the post-Newtonians could have managed to plunge the continent of their origin into the unprecedented horrors of two world wars in the twentieth century. But that, you may say, might have been a simple domestic miscalculation gone temporarily wrong.

It is within this context of historical and geo-political reality that a substantial body of literature about the Caribbean, in all its languages, created a script or text of its own with all the contours of race and class stratification that is the most familiar substance of our legacy. It is within this context, with its formidable historical and philosophical monument of knowledge and power, that the Caribbean intellectual was formed and in whom was deposited "an infinity of traces, without leaving an inventory" of its own.

***

The word "intellectual" is an embattled field, evoking attitudes of negation and even ridicule. I would like to identify four senses in which we may use this word and identify the particular categories of person whose activities may define them accordingly.

In the first example an intellectual may be considered to be a person who is primarily concerned with ideas—the origin and history of ideas, the ways in which ideas have influenced and directed social practice. The philosopher's concern is with the way knowledge is acquired, whether the sense impressions are a reliable guide to any truth about reality, and how the evidence of observation should be interpreted. A complex discourse overlays what is more generally understood as the problematic relation of appearance to reality.

These intellectuals begin with a specialised knowledge of some particular area of human activity, say history or the natural sciences, and then proceed to discover how this particular body of knowledge is related to other areas of human thought. Their purpose is to provide a synoptic view of a whole civilisation. Examples would be professional philosophers like Alfred North Whitehead or Lord Bertrand Russell; Karl Marx; or in history Arnold Toynbee, W. E. B. Du Bois, and in our own region, C. L. R. James. But what would distinguish them, say James and Du Bois, from Toynbee and Whitehead is not the nature or the range of their interests, but rather the specific function they gave to those interests, the concrete purpose which motivated their study of human society.

James's *Black Jacobins* or Du Bois's *Souls of Black Folk* and *Black Reconstruction in America 1860-1880* are initiators of the inventory of a folk whose humanity had not been validated, and whose agency in the transformation of the world and the expansion of the concept of freedom remain seriously contested. Here our debt to the Haitian people is illuminated by the Cuban novelist Alejo Carpentier on the meaning of the Haitian Revolution:

> When we take the great encyclopedia edited by Voltaire, Diderot, Rousseau, in the middle of the 18th century in France, and whose ideas had such an influence over the leaders of our Independence Wars, we find that in this great encyclopedia, the concept of independence has a value which is still purely philosophical. One says independence, yes, independence *vis-à-vis* the concept of God, *vis-à-vis* the concept of monarchy, free will, up to which point man's individual freedom reaches, but one does not speak of political independence. On the other hand, what the Blacks of Haiti demanded—those who were the forerunners of all our wars of Independence—was political independence, total emancipation.

There is a second and less rigorous sense in which we may use the term "intellectual." To refer to people who either as producers or instructors are engaged in work which requires a consistent intellectual activity. These may be artists in a variety of imaginative expression; teachers; technocrats or academics.

The Caribbean academic, often a specialist of great competence and very limited interests, is not necessarily an intellectual in the first sense since he or she may have little or no interest in the nature of ideas or the correlation which exists between separate disciplines. It is not difficult to find in our ranks a historian or social scientist who has very little knowledge of the imaginative literature or the general cultural history of the region whose past he is reconstructing. And a novelist or poet may be an excellent writer with little or no interest in the philosophical questions raised by those particular forms of expression called the poem or the novel. They may indeed consider it unwise to be distracted by such speculation.

Thirdly, we may use the term "intellectual" in a very generalised sense, to apply to a great variety of people whose tastes and interests favour, and even focus on, the products of a certain intellectual activity. That is, people who cultivate a love of music in its variety of forms, or the theatre, or have a passion for the visual arts, or for reading a kind of literature which is intended to cultivate the mind and enliven the sensibility; people who would probably regard the current rash of American television as being very destructive of the critical intelligence (which indeed it may have been intended to be). It is important here to make a clear distinction between that American export the advertising industry insists should be dumped on you, and a certain quality of American television which, at its best, is irresistible as an exercise in popular education and intellectual vitality.

The intellectuals of the generalised sense may represent a very wide cross-section of occupations. They overlap with elements in the second example: teachers, technocrats, and academics, and constitute what I shall call the **domain or area of mediation**. They are of the most critical importance in contributing to the inventory from within and making it available.

I shall choose the academic literary critic as one example of a Caribbean intellectual who occupies this domain of mediation. The context in which we teach and learn is always a decisive influence on the practice and content of what we call knowledge. It may define and even limit our sense of the domain of mediation: that is the area we locate our activity in forging vital links between sources of knowledge and the wider consumption of facts. We are speaking of men and women who make their living in the classroom. This is at once a great advantage and a serious limitation: to have spent all your working life in school. Some started there as babies, climbed by scholarship and other means to institutions that got higher and higher, almost beyond reach—especially after migration across the ocean to the "original" citadels of learning.

The Western tradition of imperial tutelage required this initiation and deposited, among that infinity of traces, the **tendency for specialisation**; not only within a specific area of intellectual enquiry, but a colonial allegiance to the institutional requirements and the hallowed agenda of the metropolitan institution. The acquired tools of analysis and the vocabulary of critical exposition are among the infinity of traces now woven into a specific mode of perception. There is a certain magic in this metropolitan air that increases its potency on return to native ground. This Western tradition has always been very selective in its recruits for the consolidation of its mission, and its political control of the native ground created an environment in which Caribbean intellectuals would compete too for distinction in worlds where there is a great scarcity of knowledge about the issue they argue about as specialists in the field.

It was and remains a difficult legacy to overcome; a system which had severely restricted the distribution of this form of property which we call knowledge. And knowledge **is** a form of property. The more difficult it is to acquire, the more prestigious it becomes as a social commodity. Hence, the enormous and primitive respect for medical doctors as icons of success. Parallels can of course be found in other areas where the property of knowledge is subject to similar restrictive practices; history, economics, even in medical science where some physicians may get very impatient if you seek to know a little more about the cures they recommend. The domain of mediation is restricted by the mediator's inhibiting sense of his role in expanding the terrain of mediation. This deformity at the critical level has had negative consequences for writers and those who diagnose what has been written.

Diagnose is not an inappropriate word for men and women who insist on calling themselves doctors (it might contribute enormously to the egalitarian character of learning if we got rid of these meaningless emblems). The text is, indeed, spread out like a patient, and after the most meticulous dissection, it becomes etherised. There is a smell of bandages emanating from those accumulated footnotes, a certain odour of morphine lingers over the average thesis. This may be inevitable in a structure where successful careers depend upon the acquisition of such emblems.

So if I may stray from definition of intellectual in the role of academic literary critic to a prescription for such a role, I would propose that the essential and supreme function of the critic/intellectual, in our circumstances, is to be a mediator of text; and the area of mediation must travel beyond the enclave of specialist and student, or specialist in contention with specialist. It must attempt to travel beyond this domain of mediation to link the human substance of the text to the collective consciousness, the continuing social reality which has, in fact, nurtured the imagination of the writers. So the critic/intellectual, in our circumstances (which require the compiling, preserving, and disseminating of the native inventory), needs also to cultivate the skills of the journalist, the temperament of urgency so common in the evangelist, intervening in public debate over issues that he or she can easily identify in the literary texts that are mediated.

This role of mediation (as a force of resistance against the Western hegemony) cannot be cultivated where the critic/intellectual functions almost exclusively within an academic enclave where the text offers a battleground for conflicting diagnoses between specialists and their students who may also aspire to the role of "teacher." Such enclaves define and limit the terrain of mediation. But it would also be true to say that, in the case of Caribbean literature in English, this enclave offered possibilities for a certain kind of mediation.

It is possible to trace the evolution of Caribbean literature as it graduated from the status of exotic and eccentric report to that of text as a genuine, organic report of experience of a specific social reality (in other words, the inventory of an identifiable fold). We passed through and survived a period in which the early novels were simply heard of, without the benefit and challenge of an informed critical response. The broad mass of our population had always been excluded from the culture of book reading.

Even where there was critical literacy, and a lively intelligence for dealing with the hazards of survival, the structure of the school had not prepared the broad mass of our people for the book as a companion which followed them beyond the school. And the gradual formation of an educated middle class suffered the defects of the context in which it was schooled. Reflecting the political economy which shaped their values, the book, like other kinds of social commodity, achieved respect only as an imported product. It lost all reality when it appeared as an indigenous creation. Education had made this class a serious obstacle to development, and a hostile enemy against any struggle for cultural authenticity, for the compiling of the native inventory.

It was here that the critic/intellectual from within the enclave of specialists, beginning with the University of the

West Indies at Mona, struck the first serious and recognised blow on behalf of the literature as an indigenous creation. They had authority to speak for literature in the grand sense of what is known as classics, as well as literature in the concrete sense of what was happening on native ground. And their students, who were absolute beginners, got their first baptism in self-recognition through the elucidation of these native texts.

The critic/intellectual, in this context, helped to elevate the book of the region, about the region, from neglect and even ridicule to the status of text which required study, investigation, analysis, exposition. We entered the curriculum. But in this process of sanctification, the enclave had bypassed a wider world where the terrain of mediation stopped. It is true that many of these students would become teachers (and very different from their predecessors) serving as messengers of the text. But the message had no continuity beyond the classroom and the moment of graduation. Nevertheless, a small acre of ground had been captured. And that is an important contribution from this category of intellectual.

It is these two categories of intellectual, those who occupy a domain of mediation (academics, technocrats, teachers and the more general enthusiasts of forms of cultural expression) who may restrict or extend the terrain of mediation. They are critical to any viable concept of sovereignty. Sovereignty is not possible where the majority are excluded from this process of the collective control of agendas and continuing self-definition.

The sovereignty of a literature cannot be guaranteed by the excellence of individual works of the imagination or the ingenuity of discourse between writers and their critics. The sovereignty of a literature depends on the possession of the text by the total society over the most varied terrain of mediation. The text has to become familiar and an ordinary part of daily conversation. Books stay alive only when they are talked about in a variety of situations by people who recognise that the book is talking about them and may have originated with them. This is all that is meant by the term "classic" in reference to any national literature. And every literature is a national literature; it does not endure exclusively by virtue of the gifts of the writers, but largely through the persistence of those mediators (intellectuals of categories two and three) who persist in extending the terrain of mediation. It helps to be part of the machinery of a ruling class, as was Thomas Arnold of Rugby who contributed enormously to the number of intellectual casualties we would honour as loyal subjects of that formidable imperial enterprise which we have called Western education.

There is a fourth sense in which the word intellectual may be applied to all forms of labour which could not possibly be done without some exercise of the mind. In this sense, the fisherman and the farmer may be regarded as cultural and intellectual workers in their own right. Social practice has provided them with a considerable body of knowledge and a capacity to make discriminating judgements in their daily work. If we do not regard them as cultural and intellectual workers, it is largely, I think, because of the social stratification which is created by the division of labour, and the legacy of an education system which was designed to reinforce such a division in our modes of perceiving social reality. But the evidence for what I am saying is there.

Professor Woodville Marshall in "Notes on Peasant Development in the West Indies since 1838" writes in 1968:

> Peasant activity modified the character of the original Plantation economy and society. The peasants were the innovators in the economic life of the community. Besides producing a greater quality and variety of subsistence food and livestock, they introduced new crops and/or reintroduced old ones. The peasants initiated the conversion of those Plantation territories into modern societies. In a variety of ways they attempted to build local self-generating communities. They founded villages and markets; they built churches and schools; they clamored for

extension of educational facilities, for improvements in communication and markets; they started the local co-operative movement.... Peasant development was emancipation in action.

This is an achievement of cultural and intellectual activity of the highest order. But you cannot **see it that way**, because you have been trained to locate such people in an entirely different order of social evaluation.

For the average Caribbean intellectual, the domain of mediation does not extend to this class as agents in any mutual exchange between the educated and the untutored. However, for Walter Rodney it was precisely here that the act of mediation had to begin. He believed that it was here, in this neglected segment of the civil society, that the most dynamic force of transformation resided. In his *History of the Guyanese Working People*, he sought to explode the myth of Indian passivity before the tyrannical constraints of the Plantation, documenting their capacity for strike force, and a variety of ways in which the interaction of these two peoples, African and Indian, were carving out a new ground of social reciprocity.

The arrival of East Indians in the Caribbean, as indentured labour in the 1830s, coincides with the emancipation of slavery and the gradual withdrawal of freed African labour from the European plantations, especially in Trinidad and Guyana. The end of the old slave imposition is the beginning of a new slave arrangement. Indians were subject to the pass laws which tied every man and woman to the particular estate to which each had been assigned. Any violation of this law led to imprisonment with hard labour. Indian workers alternated between the jail and the hospital which was often used as a camp for those who withdrew their labour in protest against conditions of work and the particular role they had been given in the Planter's strategy to curb and erode the radical potential of free African labour.

African free labour lost its power to bargain wherever

there was a reservoir of indentured Indian workers. An artificial division was planted within the ranks of labour with consequences which became more complex and debilitating in any struggle against the Plantation. The system nurtured a rural working class, occupied mainly in sugar and almost entirely Indian; and an urbanized working class that would be predominantly of African descent. The politics of resistance became obscured or submerged by conflicts of demographic interests, and the more dangerous scenario of cultural antagonism. And each group viewed the other through the filter of that European power which had brought them at different times in the same region for precisely the same purpose.

Rodney wanted to participate in overthrowing the hegemonies of the Plantation and its Western institutions; to work toward the emergence of an alternative consciousness. He did not share the view of many of his colleagues that scholarship should seek to achieve a posture of neutrality. (For he knew that McCauley's school boys had been taught the definition of an island as "a piece of land entirely surrounded by the British Navy.") He believed that history was a way of ordering knowledge which could become an active part of the consciousness of an untutored mass of ordinary people. He did not only argue with those who had taken permanent refuge in the enclave of research and doctoral pursuit. He walked and talked with those African and Indian peasants and workers who had become the *raison d'être* of his intellectual activities.

He had initiated in his personal and professional life a decisive break with the tradition he had been trained to serve; and died in the conviction that the only fruitful emancipation was self-emancipation; that ordinary men and women should be intellectually equipped to liberate themselves from those hostile forms of ownership that are based exclusively on the principle of material self-interest.

We know, to a degree we did not know some decades ago,

that Africans and Indians have a remarkable record of resistance to the same force of domination which sought to appropriate their future, and to define for all time what would be their destiny. But this knowledge is still largely archival. It is locked up in an enclave of scholars and research workers, consultants and technocrats. It is a knowledge which still awaits mass-distribution, and which, therefore, has not yet become the shaping influence on the consciousness of those whose recent ancestors had made it possible. It is not inscribed in consciousness.

This has been a peculiar history of discontinuity and estrangement within a new landscape; a history of resistance and rebellion against the apartheid control of labour. But the victories of organised labour have helped to democratise the region; and the continuing struggle, however embattled and confused in its manifestations, has set new post-imperial agendas for defining our reality. These processes, over a long time and through much conflict and travail, have also evoked a creative response from Cuba to the Guyanas, and produced, in literature—both imaginative and polemical—in the arts, and religion (Haiti), a very distinctive type which is of Caribbean formation, and recognisable as Caribbean in the expression of its cultural and intellectual life.

Yet there is a severe limitation imposed on us by the "inherent dominant mode" of the Western legacy, which limited the boundaries of intellectual enquiry through the geopolitical balkanisation of the region. So whereas English or French intellectuals would choose all Europe as a singular civilisation and culture for their field of exploration and recovery, the Caribbean intellectual has been fixed in the habit of digging up exclusively the small island enclave whose language zone corresponds to the particular metropole whose institutions have largely fixed his agenda of discourse and made him one of their own.

It is rare to find a Caribbean historian or social scientist who takes the entire region as his field of enquiry and engages in a comparative study of the particularities of each. So Martinique and the region's other French colonies engage in dialogue with themselves and Paris; The Netherlands Antilles clings to a professed notion of being an equal constitutional partner within the Dutch Kingdom; the Hispanic territories responded to Spanish and wider European orthodoxies; the English-speaking Caribbean, ignorant of debate among its neighbours, made its accommodation with an exclusive English tradition, yielding now to a new North American hegemony (which includes US territories in the Caribbean).

A specific feature of the region is the peculiar origins of our arrival here. The indigenous peoples trafficked and settled from the Southern mainland to as far north as Cuba. Soon these islands would be without an ancestral host—very different from the mainland, where the Amerindians persisted and planted their signature in a decisive way on the cultural evolution of much of what is called Central and Latin America today. This Caribbean became an imperial frontier fought over by every known European power in a struggle to establish what was perhaps their first experiment in capitalism overseas.

The major journeys from Africa and Asia into this archipelago were organised to lay and consolidate the material base of this experiment. This human cargo would have started out in total ignorance of destination. The original experience of African and Asian is the experience of a controlled and violent alienation from the produce of their labour; alienation from the meaning and purpose of human labour. And they were often strangers to each other even when they had derived from the same continent.

It must have required an enormous spiritual resource to survive the brutalities of control, the perils and anxieties of the unknown, the suspicion and insecurity which attended all human response in that tentative journey from being stranger, even hostile stranger, to becoming neighbour, friend, and partner in a common struggle of resistance. So the Caribbean may be defined as the continuum of a journey in space and consciousness; through various stages of crossing from original homeland to island enclave; from enclave to enclave, or the fugitive, erratic pursuit of fortune and meaning within each enclave (migration from rural hide-out to urban chaos).

It is or has to become our discovery of the meaning of this severance, the conscious confrontation with the fact of our collective separations from original homes of spirit; the absence of an ancestral hinterland; the balkanisation of all island dialogue to correspond to the orthodoxies of separate metropoles; the political reluctance to transform an elitist social order into an egalitarian encounter of person and person, territory and territory.

A profound awareness of the Caribbean nature of our relation to the world, at the material and cultural levels of negotiation, would make each territory more authentically itself than any previous experience could contest. The major groups of African and East Indian descent have been engaged in a continuing struggle against cultural suppression. Each group has been invited at different times, and in different ways, to erase or even scorn its spiritual heritage, and each group at different times has created a force of resistance to this demand. The Indian demand for cultural authenticity is a healthy development; not only for people of Indian descent, but for all societies in the region, since it forces us to deal with our own definition of ourselves, and not through the filter of an external agenda.

There is a gulf which now inhibits the Euro-Creole element from engaging, free from all racial anxiety, in the intellectual life of the region. But if we consider the examples of Cuba in the nineteenth century (José Martí especially), Evgenio Maria de Hostos and Ramón Emeterio Betances in Puerto Rico; Fernando Ortíz and Alejo Carpentier and Luis Gonzalez in our own time; or the novels, *Wide Sargasso Sea* by Jean Rhys, Phyllis Alfrey's *Orchid House*, Geoffrey Drayton's *Christopher*, Colá Debrot's *Mijn Zuster de Negerin*; the poetry of Nobel Prize winner Saint-John Perse; the historical monographs of Karl Watson; we see more than glimpses of the possibilities which await us here.

In Barbados, we have talked habitually of the White world as though it were a monolithic, seamless creation, which it is not. It is a world that has retained its peculiar features of social stratification which are obscured by a defensive closing of ranks against the incursion of the Black majority. That White voice is still largely silent except on those occasions, now very frequent, when it is discussing the management of money. It is an important part of the inventory of cultural assets which remains incomplete.

I do not think there has been anything in human history quite like the meeting of Africa, Asia, and Europe in this American archipelago we call the Caribbean. But it is so recent since we assumed responsibility for our own destiny, that the antagonistic weight of the past is felt as an inhibiting menace. And that is the most urgent task and the greatest intellectual challenge: how to control the burden of this history and incorporate it into our collective sense of the future.

[1](Lecture sponsored by the University of the West Indies's History Department and the National Cultural Foundation, Barbados.)

Selected Works Consulted

Carpentier, Alejo. CARIFESTA Address. Havana. 1976.

Conrad, Joseph. "Heart of Darkness." London: Everyman's Library, 1993.

de las Casas, Bartolomé. *Historia de las Indias, 3 vols.* Mexico City: Fondo de Cultura Economica, 1951.

de Montaigne, Michel. "Of Cannibals." Trans. Charles Cotton. *The Essays of Michel Eyquem de Montaigne.* Ed. W. Carew Hazlitt. London: Encyclopædia Britannica, 1982.

Du Bois, W. E. Burghardt. *Black Reconstruction in America, 1860-1880*. Cleveland: Meridian, 1962.

———. *The Souls of Black Folk*. In *Three Negro Classics*. New York: Avon Books, 1965.

Esquemeling, John. *The Buccaneers and Marooners of America*. Ed. Howard Pyle. London: T. Fisher Unwin, 1892.

Fanon, Frantz. *The Wretched of The Earth*. New York: Grove Press, 1966.

Hobson, J. A. *Imperialism*. Ann Arbor: University of Michigan Press, 1965.

James, C. L. R. *The Black Jacobins: Toussaint L'Ouverture and the San Domingo Revolution*. New York: Vintage Books, 1963.

Kidd, Benjamin. *The Control of the Tropics*. London. 1898.

Kissinger, Henry. "Domestic Structure and Foreign Policy." *American Foreign Policy*. New York: Norton, 1974.

Marshall, Woodville. "Notes on Peasant Development in the West Indies Since 1938." *Social and Economic Studies* 17.3 (1978).

Martí, José. *Our America—Writings on Latin America and the Cuban Struggle for Independence*. Trans. Elinor Randall. Ed. Philip Foner. New York: Monthly Review Press, 1978.

Rodney, Walter. *A History of the Guyanese Working People, 1881-1905*. Baltimore: The Johns Hopkins University Press, 1981.

The Log of Christopher Columbus. Trans. Robert Fuson. Camden, Maine: International Marine Publishing, 1987.

Williams, Eric, ed. *Documents of West Indian History, 1492-1655*. (For citings by Michel de Montaigne, Juan Gines de Sepúlveda, Fr. Bartolomé de las Casas, and Lord Dalberg Acton.) Port-of-Spain: People's National Movement Publishing, 1963.

Zinn, Howard. *A People's History of the United States*. (For citings by Christopher Columbus, and US President William McKinley.) New York: Harper Perennial, 1990.

PART II

COMING, COMING, COMING HOME[2]

We in the Caribbean are already integrated. It is only the Governments who don't know it.

GEORGE BECKFORD

The donkey works, but the horse is promoted.

HAITIAN PROVERB

IT SHOULD BE EXPECTED that a speaker whose contribution to the cultural history of his region has taken the form of language might invite you to consider the meaning of this process of exchange which we take for granted in all our daily activities. Everyone uses words and is dependent on them in every aspect of social intercourse. I do not think you would have anticipated that the discourse on regional integration would require a special emphasis on the function and process of language. Yet it is precisely in this area of regional debate, dominated almost entirely by economists, ministers of Government, and technocrats from the social sciences, that attention must be called to the violence that is done to language by those who are chosen to be our specialist agents of communication about the destiny of our region.

I speak now as a novelist and teacher, and I do so without any trace of rancour. The literature of the social sciences often forces one to consider a distinction to be made between the statistical mind and a creative imagination. The first seeks evidence everywhere except through the direct observation of people in the act of living: men and women who never think of themselves as a percentage of anything.

The creative imagination is always made aware that language is not just a tool or instrument for measuring the statistics of scarcity.

Language is at the heart and horizon of every human consciousness. It is the process which enables us to conceive of continuity in human experience; the verbal memory which reconstructs our past and offers it back as the only spiritual possession which allows us to reflect on who we are and what we might become. It is not inherited. Every child, in every culture, has to learn it as his or her necessary initiation into society. It is, perhaps, the most sacred of all human creations. We abuse it at our peril. It is matter for regret to say that the writing of many of our economists and the fraternity of social scientists is almost suicidal in its abuse.

I make this insistence because the debate on regional integration has been conducted by men and women who are largely innocent of these fundamental truths. My first example concerns the word "development" which has become an inseparable component of every prescription for our survival and progress. It is, perhaps, the most dangerously toxic word in our vocabulary. It encourages a wide range of distortions about the meaning of human personality and the material base that would allow for the cultivation of a critical and reflective self-consciousness which is, ultimately, the *raison d'être* of a human existence.

This word "development" is related to the assumption of a hierarchical distance between what are called primitive societies, and their transition to a state of material advancement which emulates the dubious comfort and conveniences of modern industrial societies. However, the human content of these societies, and the dynamics of social relations within each, often escape the attention of the specialists. It is sometimes a vocabulary which defies all reality.

Take the notion of per capita income. To tell a man in

downtown Kingston, Jamaica, out of work for five years, that he represents an income of five thousand dollars a year is to run the risk of losing your own head. To expect him to listen and be tranquil is to put an impossible strain on human patience. Yet it is normal language among those who advise us on dealing with the problems of scarcity. It is a language which does not only insult the poor, but it also encourages a fantasy of expectations among those who have decided that they will never be poor again.

There is a prevailing conviction among political directorates, as well as their rivals in opposition, that the intelligence of ordinary people can be anesthetised by extravagant claims or promises for the rise, without limit, in our standards of living. I was very struck by the public address of a Trinidad minister of government in the 1970s who said: "In 1956 you had forty to fifty thousand cars. Today you have over 220,000. Sooner or later we shall achieve a motor car democracy."

This phrase "standards of living" has fertilised the appetite of a new professional and business class whose entrepreneurial ambition sees wealth as the only country they recognise and are committed to serve. And the uncritical embrace of "the strategy of privatisation" as the motor force of development now threatens to convert every Caribbean society into a service station.

Not long ago, a huge track of Guyana forest land (1.3 million acres) was disposed of in a most arbitrary fashion. I opened a London newspaper in early 1992 and read that a former British Conservative minister of government had bought it for nine million pounds. Six months later he sold it for sixty million pounds. I do not think he had ever seen it. In St. Lucia the sacred geological symbol of the Pitons is reduced to just another market item of Real Estate. And in Barbados, a once prosperous cane farm with hills and fields, is about to be converted into a pleasure ground for visitors who play golf.

"Tourism is your business" is a message articulated by men and women who have no idea what they are saying because they have no creative relation to language. The tourist plant will repeat the lesson of our first plantation experience when sugar was the material base of our survival and the source of our deepest humiliation. Meanwhile, the ministerial horse, in full stride, increases his distance, every passing decade, from the donkey down below.

It is the dual nature of language that while it pins words down to a rigorous definition of meaning, it also allows for the greatest flexibility of usage. It opens out the possibilities of meaning. It invents meaning.

So I shall use this license of language and ask you to entertain a concept of Nation that is not defined by specific territorial boundaries, and whose peoples, scattered across a variety of latitudes within and beyond the archipelago, show loyalty to the "nation-state" laws of their particular location without any severance of cultural contiguity to their original worlds of childhood. They have created the phenomenon of a transnational family which does not allow a funeral in Barbados to take place for over a week after the death since the cortège would be incomplete until the relatives have arrived from Jamaica, Trinidad, Guyana, Toronto, Birmingham, Brooklyn. It is an insistence on cultural continuity which can produce macabre results; like the story told to me by the late and very great painter, Aubrey Williams of Guyana, who witnessed a most turbulent family drama when the senior survivor, delayed by plane connections, arrived two days after burial; and insisted that the coffin be dug up and the ritual of internment take place all over again.

But it is not only in death that the transnational household comes alive. It has traditionally been a major factor in the economic stability of many a Caribbean family across every language of our region. This is one aspect of what is meant by our beloved comrade, George Beckford, when he says:

> We in the Caribbean are already integrated. It is only the Governments who don't know it.

There are two factors which support this view. One is the political and cultural consequences of sexual intercourse; the other is the economic compulsion to migrate. This process of integration within a nation of nations has been at work for more than one hundred years.

From the middle of the nineteenth century to the second decade of the twentieth century, Barbados provided over fifty thousand workers to Guyana and Trinidad. The population of Trinidad and Tobago doubled in forty years between 1844 and 1881 as a result of this movement of our peoples from St. Vincent, Grenada, and as far as St. Martin in the northeast. We have no way of knowing the precise figures, since many of these brothers and sisters, then and now, are condemned to the category of "illegal," which should here be interpreted as suspended legitimacy of their choice of destination.

When I first came to Trinidad in 1946, and took up residence in Belmont, I discovered that in every family I got to know, the only Trinidadians by birth were the children. Mothers, fathers, aunts, uncles had originated elsewhere. The names Brathwaite, Ifill, Richardson have a special distinction for the service they were to render to this region. I intend no mischief when I say, as a matter of irreplaceable sentiment, that Belmont symbolised for me the greatest generator of national talent in all Trinidad. That was yesterday. It is just possible that the location of the national genius may have shifted elsewhere. If the attainment of the highest office in the land (Prime Minister) is, as it should be, a demonstration of intellectual and creative power, then it would appear that a certain shift can be confirmed.

This process of cultural fertilisation and reciprocity is not limited to one language zone. During the first two decades of this century, more than one hundred and twenty thousand

Haitians and Jamaicans became a resident force of labour in the Republic of Cuba. A morning's walk round the heart of Santiago de Cuba, is hardly distinguishable from a view of the cosmopolitan complexions of downtown Port-of-Spain.

I recognise that migration is not in itself an adequate means or argument for realising the goal of regional integration, by which we mean the bringing together of separate parts into one whole. But the case I am arguing—and which has remained largely neglected by those who concentrate on the statistics of the movement of labour, or the legalistic adversities which confront those who move—relates to the cultural solidarity which underpins and sustains this fugitive pursuit of better fortunes.

I am very aware of the conflict of interest which arises between what is called the host country and those who claim a space in their new homes. But I want to draw to the attention of political directorates and their advisers a deep feeling among us that these conflicts are often the result of their own opportunistic policies or their deliberate reluctance to clarify for respective constituencies what is their fundamental principle and practice on the movement of our people for whom Immigration and Customs are an even greater hazard than the crossing of rivers at night in the most fragile craft.

The great Cuban thinker, José Martí, observed and defined with simple precision this political type:

> The villager fondly believes that the world is contained in his village and he thinks the universal order good if he can be mayor, humiliate the rival who stole his sweetheart, or add to the savings in his sock—unaware of the giants with seven-league boots who can crush him underfoot, or the strife in the heavens between comets, which streak through space, devouring worlds.

Martí's Village of the nineteenth century has now become a very sophisticated modern design, supervised largely—though not wholly—by an essential village mentality.

Twenty years after Chaguaramas—and almost half a century since the Montego Bay conference—discourse on regional integration has been confined almost exclusively to this tight scenario of political directorates and some of the most diligent and resourceful technocrats of our time.

Their failures are often explained by talk about "lack of political will." I think this is an error. For indeed there is plenty of will, but it is concentrated in the psychology of Martí's political type: the Village Chieftain who now emulates the splendour of the Hollywood star and is determined to play the star role until the Village disappears. And these villages will disappear unless this fantasy of stardom is exploded and demystified.

While the donkey works, the horse is promoted.

Our horses are men of strong will who will not voluntarily put an end to their expanding appetite for more and more promotion.

Eleven or twelve sovereign states—some with a population not large enough to fill a major football stadium—parade eleven and twelve embassies in the most expensive citadels of the modern world. What is the meaning of this madness, this absurdity which exposes us to daily ridicule among the nations whose charity we seek?

To consider the process of regional integration afresh requires a new and radical kind of attitude that concentrates on the thought and practice of the excluded majority. I will indicate one sector now engaged in one of the most remarkable dramas of our time. I refer to the women traders of this region. They conduct a volume of traffic within the Eastern Caribbean and Guyana, as well as across the water from Jamaica to Haiti, Puerto Rico, Curaçao, and Panama. This trade does not come within the scrutiny of any Central Bank. I recall leaving the Norman Manley International Airport one afternoon and was asked by a woman if I wanted any money changed. When I enquired what currency she had, she replied: "Name it. Franc, peso, pound, or any kind o' dollar."

They are called the informal sector, although their purpose relates to the most sacred of human formalities. They are often keepers and custodians of their households. They do not sail or fly in search of great fortune, or the extraction of maximum profit. Their purpose is the preservation of the family. This recorded story of one Guyanese daughter echoes a thousand similar voices:

TRADER: Hear how it use to go.... Sometimes the boat till on the other side and you have to wait till it cross back the river. Sometimes when it do come, customs pop up, you can't go on the boat because since you hit the boat they take it way. When you reach on the boat with the goods, you got to hide it again because sometimes they come on the boat when it inside the river. When you reach Rosignol is a next set o' running with bag to catch the minibus to town, then a next one to Linden. How much weight I talking 'bout? 'Bout 125 to 150 pound in two bag. At the time I use to weigh 120. I use to go on the trip two, three times a week, depending on how I hear the police on the road. When other traders come down you would ask: How the road goin'? And they will tell you: 'Well the road clean, No police at all....' I start trading because things was rough to handle. I have two children that I alone supporting. Then I had a mother, myself and a gentleman, all five I supporting. I use to cook cook-up, fry fish, boil egg, and float and sell on Saturday. But that couldn't mind five people, so I start trading.

It is this class which claimed the complete attention of Beckford who rooted his great intellectual skills in his observation of them as the foundation of the Jamaican nation. Breaking ranks with the orthodoxies of his discipline, he once said:

Anybody who doubts the managerial capacities of Jamaicans need only ask themselves how in these times of severe hardship, poor people are able to find food for children, and shoes and bus fares to send them to school—surely a miracle of domestic household management.

But the average specialist technocrat does not really see these women. His technical agenda does not register them as a critical political force because he is the product of a new intellectual formation: the technocrat who believes that the efficient management of a modern society is essentially a technical operation. If you can identify the appropriate technologies, and recruit a certain calibre of personnel, with the right kind of managerial expertise, then the efficient organisation of a modern democracy can bypass the political process. It really does not matter what electoral games are played or who wins since the correct decisions will ultimately be made and implemented by those whose technical expertise is indispensable to this process. Politics and ideology are viewed as an antiquated pastime. This malady of theirs may be defined as technophilia, and I do not yet know its cure.

This elite corps is a replay of one of the two great scourges which history inflicted on this region, Class and Race. Such a technocrat functions as the intellectual mercenary of a system whose institutions have a long and awesome history of male dominance. It is my view, therefore, that the most effective vanguard for realising the true potential of regional integration will be the most wounded casualties of that dominance: the women.

In this respect we can say that all women, irrespective of their social origins, are an example, perhaps the most extreme example, of a dominated class. Social theorists of the Left have difficulty with this formulation. But historical and personal evidence is abundant that all men, irrespective of their economic or racial status, hold a common belief about the subordinate role of women in their lives. The Black male labourer and the White male executive director share a profound bond of allegiance and solidarity on that question of the relation of woman to man, whether the union is marital, extramarital, or ultra-marital.

This treatment of the female as an invisible presence—that is, made absent when she is most present—is a continuing factor in the political and intellectual backwardness of our institutions. The female presence in political office, or in the leadership of the Party and the Trade Union Movement is not only rare, but she is often there as a result of male patronage, and not through the attainment and exercise of power in her own right.

The major focus in the re-education of women by women has to be about the dismantling of that dominance in all our institutions. And while this cannot be an exclusively female concern, the overwhelming burden of responsibility for its achievement will remain for a long time the responsibility of women. But within the ranks of what is called the Women's Movement (bearing the higgler's voice in mind), there is a serious conflict which derives from the fact and function of Class in Caribbean society.

The Women's Movement, as I observe it throughout the Caribbean today, is dominated by a breed of professional, middle class women who are, in fact, the employers of female labour in their homes. This is not in itself a heresy. However, the social distance which such a relation implies and confirms in practice puts a great constraint on the political thrust which such a Movement could achieve. And that is why the Women's Movement—or elements of it—can be so easily co-opted by all existing establishments and political directorates in the region. A serious feminist movement, freed from class inhibition, would create a source of creative conflict between its demands and the self-conserving interests of any political directorate in this region.

It is a crisis which women could resolve because we know that outside or beyond the functions of wife and maid, the wife is experiencing the same humiliation the maid is going through with their respective men. The question is how can they create an environment in which they will share—on equal terms—a free, open dialogue not just about their respective men, but about the dismantling of that dominance which characterises all our institutions, and what vision can they offer for an alternative society and a corresponding advance in regional integration? For it must be clear to the most alert among them that the dysfunctional nature of man/woman relations cannot be trapped in a crusade about gender since the liberation of women is not possible without the liberation of the total society. It is in the Caribbean woman's struggle for her liberation that the complexities of race and ethnic antagonisms are most likely to collapse.

Race is the persistent legacy of the Admiral of the Ocean Sea. No one born and nurtured in this soil has escaped its scars, and although the contemporary Caribbean cannot be accurately described as a racist society, everyone—whatever their ancestral origin—is endowed with an acute racial consciousness. In the *Express* newspaper's "Indian Arrival Day Supplement" of May 31, 1992, Sita Bridgemohan offers this very poignant statement of her claims on the Trinidad landscape:

> My forefathers came from India to work in the canefields. They were Hindus. With sweat, tears, hard work, and courage, they created a life in a different land, a land in which I was born. By right of birth, I have a place in this land and don't have to fight for it.

If African labour and the cultural dimensions of that labour constitute the first floor on which this Caribbean house is built, the second floor and central pillar on which its survival depends is the Indo-Caribbean presence. That discourse which is given the ascription of Race is one of the most critical challenges to which we must respond.

The charge of marginalisation, argued by many of the

descendants of Indian indenture, is based on a fact of their existential experience. That was my first impression when I arrived in Trinidad some forty-odd years ago. You looked in vain for that presence in any of the major institutions which mediated the daily life of the country; and their presence was often a source of mockery directed against the few who had gained access to the most prestigious schools of the island. It made for an incurable wound in one of their most senior writers.

The most authentic evidence of this exercise in marginalisation may be found in the calypsoes between 1946 and the early 1960s:

> What's wrong with these Indian people
> As though their intention is for trouble
> Long ago you'd meet an Indian boy by the road
> With his capra waiting to tote your load
> But I notice there is no Indian again
> Since the women and them taking Creole name.
> Long ago was Sumintra, Ramaliwia
> Bullbasia and Oosankalia
> But now is Emily, Jean and Dinah
> And Doris and Dorothy....

Or Mighty Skipper's calypso, "Ramjohn":

> Ramjohn taking lessons daily
> From a high school up in Laventille
> The first day's lesson was dictation
> And a little punctuation
> After class he come home hungry to death
> His wife eh cook Ramjohn start to fret
> Whole day you sit down on you big fat comma
> And you eh cook nothing up
> But ah go put this hyphen in you semi-colon
> And bust you full stop and stop....

Forty years and more later, in spite of the pace of their social mobility, this grievance continues to haunt the conscience of their intelligentsia. It is articulated with remarkable candour by Arnold Itwaru from his exile fortress in Ontario.

> Many, if not most of us, are mesmerised by the alleged prosperity in capitalism, remarkably forgetting, or with some deliberation pretending to ignore that it was this system which bounded, depleted, and demeaned, and destroyed so many of our ancestors, this system which today uses us as pawns in its brokerage of power.

I would participate in that insult if I found it necessary to confirm the immense wealth of intellectual and spiritual gifts which the sons and daughters of Indian labour have bestowed on this Caribbean landscape. The relations of Caribbean people of African and Indian descent have been experienced in a system whose persistent feature has been the culture of subjugation: the supreme legacy of the Admiral of the Ocean Sea. The ascription of race and racial difference had been effectively used during the colonial period, and with even greater insistence after Independence.

A perception of the Indian as alien and other, a problem to be contained after the departure of the Imperial power, has been a major part of the thought and feeling of Caribbean people of African descent, and a particularly stubborn conviction among the Black "plantation" middle classes of Trinidad and Guyana.

Indian power in politics or business has been regarded as an example of an Indian strategy for conquest; this accusation persists, eventhough in the fashionable arithmetic of democracy, their numerical superiority in a union of Trinidad and Guyana might have justified such an ambition. But it makes for a great distortion when we speak of Indians as a monolithic world, identifying the interests of poor, struggling, agricultural sugar workers with the triumphant wealth of the big rice farmer or the feverish accumulation of cash among the professional and entrepreneurial cliques in Port-of-Spain, San Fernando, Georgetown or, of late, among Indian merchants in Philipsburg, St. Martin.

It is very important to remember and inscribe on the consciousness of this region that common history of exploitation endured by African and Indian in our archipelago and their common engagement in resistance which has been the history of each group.

Today we are witnessing a serious clash, and an acute rivalry for the distribution of power and spoils among what are, in my view, two factions of the same class: the African and Indian *petit bourgeois*. Each needs the motor force of the African or the Indian at mass level to facilitate their ambition, but it is open to question how organic are the links between the horses in full stride for permanent promotion and the donkeys who work down below.

One fact of their relation is quite clear. Neither faction could achieve and maintain dominance without the permission of the other, and both could be in danger from any consensus of upheaval from those down below. Negotiation without hidden agendas is their only rational option for the survival of either faction.

***

A symposium which attempts to examine the whole range of our regional political culture cannot avoid dealing with the triumph and predicament of two countries which have put us in their debt for all time: Haiti and Cuba.

Those of you who have had a chance to study that magisterial work, *Main Currents in Caribbean Thought* by Gordon Lewis, will recognise that Haiti and Cuba were pioneers in initiating the debate on liberation and sovereignty in the Caribbean. The first and most decisive blow struck at the Plantation, destroying its hegemony, was the triumph of the

Haitian War of Independence. As C. L. R. James has told us:

> The revolt is the only successful slave revolt in history, and the odds it had to overcome is evidence of the magnitude of the interests that were involved. The transformation of slaves, trembling in hundreds before a single white man, into a people able to organise themselves and defeat the most powerful European nations of the day, is one of the greatest epics of revolutionary struggle and achievement.

There was no socialist bloc in 1804, no Non-Aligned Movement, no Organisation of African Unity. The Haitians stood alone; in complete charge and masters of their land, in charge but utterly alone against the rapacious and wounded pride of Europe and Euro-America, which had institutionalised slavery as the normal relation of Black men and women to White authority. No nation of the day would recognise their sovereignty, and every statesman of the day conspired to reverse it. The conditions for recognition imposed by the French to the sum of one hundred and fifty million francs was still being paid more than a century after the Haitian victory and is still being paid today.

Yet a statistical and wholly superficial evaluation of Haiti continues to define this country as simply the poorest nation in the hemisphere, without any reference to the incalculable resource of spirit, the miraculous reservoir of resistance that could produce Jean-Bertrand Aristide almost two hundred years after the death of Jean-Jacques Dessalines. It is a curious irony that the poorest of all Caribbean territories is also the richest and most secure in its collective sense of identity. There is no Caribbean territory where this is stronger or more authentic. And the conspiracy against the democratic triumph of the Haitian peasant is demonstrated again in the collusion to separate Aristide from that overwhelming constituency which claims him as its leader.

We have been largely silent throughout this long agony

which the Haitian people had undertaken on behalf of our own escape from bondage. Haiti redeemed Black men and women everywhere, including Africa. But if the Plantation suffered mortal loss in Haiti, it found a way of surviving emancipation, and imposing its legacy throughout the English-, French-, and Dutch-speaking Caribbean; and the fiction of sovereignty in the Hispanic zone—until the triumph of the Cuban Revolution in 1959.

The spirit of Toussaint L'Ouverture and Dessalines came alive in Fidel Castro (as it had done the previous century in Maceo and Gómez) when a small and insignificant group of men and women stormed the barracks at Moncada, and ultimately, with a similar result as the Haitian triumph. For thirty years, Cuba has been condemned to a state of war, isolated from its neighbours not only by the criminal boycott of trade, but also by the iniquitous boycott of knowledge about the stupendous social achievements of the Cuban Revolution, especially in the areas of health and education. They tried to lay the foundations of friendliness with their neighbours, and they were not allowed to be friendly.

Say Cuba, and everyone hears the voice of Washington shout: "Communist" but never the eloquent and graceful voice of Martí, the spiritual father of the Cuban Revolution. We have in Martí an example of the supreme function of the Caribbean external frontier. Martí was born in Havana in 1853. At the age of sixteen, the Spanish colonial authorities arrested him on a charge of subversive conduct and after trial he was imprisoned for six months before being deported to Spain in 1871. Except for two brief visits back to his native land, he was never to see Cuba until he arrived at the head of an expedition to lead the second War of Independence. He was killed in action a month later in May 1895.

But it was during that period we call exile (some twenty-four years; most of it spent in the United States) that he demonstrated the singular importance of the Caribbean external frontier. He lectured; he taught; he served as representative of various South American republics; he organised; and above all, he wrote, producing a body of writing that covers some twenty volumes of his collected works. A poet, philosopher, playwright, and meticulous journalist. His voice became an essential part of the Cuban patriotic consciousness. His warnings are as relevant today as they were when he wrote in the late nineteenth century.

"It is vital," he said then, "to tell the truth about the United States. We should not exaggerate its faults, out of a desire to deny it all virtue, nor should these faults be concealed or proclaimed as virtues." And among its faults he noted a characteristic of behaviour which has not been abandoned. Reporting on the Monetary Congress of the American Republics in 1889, he observed the conduct of the United States delegation in these words:

> They believe in need, in the barbarous right as the only right; 'This will be ours because we need it'.

Almost a hundred years later, and after the invasion of Grenada by six thousand U.S. soldiers, the U.S. Secretary of State George Shultz arrived, and his first observation was simple and complete. He said, "This is a delicious piece of real estate."

Martí was perhaps the most incisive of our commentators on the evolution of the United States from its experiment in a White egalitarian democracy to that phase of transformation toward the end of the nineteenth century when wealth began its concentration in an aristocracy of manufacturers and finance barons. In spite of a twenty-four-year absence, the voice of Martí gave every Cuban patriot a vision of Cuba that could claim Cuba as its own. It is not by chance that his biographers tend to compare his relation to Cuba with that of Lincoln and the United States, or Bolivar and Venezuela, or Gandhi and India.

At the historic trial of Castro, after the unsuccessful raid on Moncada, Castro, a lawyer by training, rested his defence on the spiritual guidance of Martí. "We are proud of the history of our country," he told the judges, "we learned it in school. Cespedes, Maceo, Gómez and Martí were the first names engraved in our minds. We were taught that for the guidance of Cuba's free citizens, the Apostle Martí wrote: 'In the world there must be a certain degree of honour just as there must be a certain degree of light. When there are many men without honour, there are always others who bear in themselves the honour of many men....' I come to the close of my defence plea, but I will not end it as lawyers usually do, asking that the accused be freed. I cannot ask freedom for myself. I know that imprisonment will be harder for me. But I do not fear prison. Condemn me. History will absolve me."

It causes me some sorrow to think that a generation of graduates from the University of the West Indies, including the History Department, would have left that institution knowing little or nothing about Martí, perhaps the most creative thinker our region has produced. Our university engages in exchanges with a variety of American institutions of learning, but there is no evidence of any continuing intellectual exchange between the University of the West Indies and the University of Havana, a formidable storehouse of Caribbean historiography. How do we explain this malaise among our scholars? Are they waiting for the fall of Fidel and Washington to approve what should be their normal business as honourable men?

Haiti and Cuba. Toussaint/Dessalines and Fidel symbolise a regional process of struggle and liberation of the mind which must be an essential part of the journey toward the fulfillment of regional integration. Both revolutions were rooted in a cultural base and remind us that we must recognise and cultivate that organic connection between cultural activity, as a mirror and interpretation of the national/regional spirit and our political aspirations for a new kind of sovereignty.

I close with an offer of thanks for this process—which is still being worked for—by the great poet, Dean of Haitian letters, Félix Morisseau-Leroy:

> Thank you, Dessalines
> Papa Dessalines, thank you
> Every time I think of who I am
> I say thank you, Dessalines
> Every time I hear a black man
> Who is still under the white man's rule
> A black man who is not free to talk
> I say: Dessalines, thank you
> I alone know what you mean to me
> Thank you, Papa Dessalines
> If I am a man
> I must say: Thank you, Dessalines.
> If I open my eyes to look
> It is thanks to you, Dessalines
> If I raise my head to walk
> It is thanks to you, Dessalines
>
> Only I know what you are for me
> Dessalines, my bull
> Dessalines, my blood,
> Dessalines, my two eyes
> Dessalines, my guts
> You are the one who showed us the way
> Thank you, Dessalines
> You are our guiding light
> Dessalines
> You gave us the land on which we walk
> The sky over our heads
> The trees, the rivers
> The sea, the lake, it is you
> Dessalines, you gave us the sun
> You gave us the moon
> You gave us our sisters, our brothers
> Our mothers, our fathers, our children
> You made us who we are

> You made us kind of different....
> If I look everyone straight in the eyes
> It is you looking at them, Dessalines
> You gave us the water we drink
> You gave us the food we eat
> Thank you, Papa Dessalines
> You gave us the land we plant
> You taught us how to sing
> You taught us how to say: No
> Dessalines, please teach all black people
> All blacks on this earth to say: No
> Thank you, Papa Dessalines.

2(Opening address at CARIFESTA V Symposia Series, Trinidad, August 1992.)

Selected Works Consulted

Beckford, George. *Persistent Poverty: Underdevelopment in Plantation Economies of the Third World.* London: Oxford University Press, 1972.

Bridgemohan, Sita. "Indian Arrival Day Supplement." *Express* (Trinidad) 31 May 1992.

Castro, Fidel. "History Will Absolve Me." Address to Court. Cuba. 16 Oct. 1953.

Itwaru, Arnold. "Exile and Commemoration." *Indenture and Exile: The Indo-Caribbean Experience.* Ed. Frank Birbalsingh. Toronto: Tsar Publishers, 1989.

Lewis, Gordon K. *Main Currents in Caribbean Thought.* Baltimore: The Johns Hopkins University Press, 1983.

Martí, José. *Our America—Writings on Latin America and the Cuban Struggle for Independence.* Trans. Elinor Randall. Ed. Philip Foner. New York: Monthly Review Press, 1978.

Morisseau-Leroy, Félix. "Thank You, Dessalines." *Haitiad and Oddities.* Miami: Pantaleon Guilbaud, 1991.

RETOUR, RETOUR AUX SOURCES: CONVERSATIONS II

L'Education Occidentale et l'Intellectuel Caribéen

Retour, Retour, Retour aux Sources

LES MONOGRAPHIES DE GEORGE LAMMING

INTRODUCTION DE REX NETTLEFORD

TRADUCTION FRANÇAISE DE DANIELLA JEFFRY

INTRODUCTION

"A MON AVIS, RIEN NE PEUT ÉGALER, DANS L'HISTOIRE DE L'HUMANITÉ, cette rencontre de l'Afrique, de l'Asie et de l'Europe au sein de l'archipel Américain appelé la Caraïbe."

Peut-être qu'il y en a eu. Mais on se doit forcément de réfléchir à cette affirmation quand on sait qu'elle est exprimée par George Lamming, l'un des esprits les plus distingués de la Caraïbe, également très éminent artiste littéraire. Son imagination créatrice a creusé le lit conscient de nos révoltes dénuées de colère mais porteuses d'une volonté "d'être" en des termes qui reflètent fidèlement l'expérience historique diverse de cette région et sa complexe réalité existentielle.

Dans les essais stimulants qui suivent et qui nous incitent à la réflexion, Lamming nous convie à considérer l'urgence de nos engagements. L'élégance de ses propos ne devrait nullement nuire à la gravité du défi. Il nous rappelle qu'il y a "... si peu de temps que nous assumons la responsabilité de notre propre destin, que le poids antagoniste du passé est ressenti comme une menace paralysante.... et que ... la tâche la plus urgente et le défi intellectuel le plus grand," c'est, en vérité, "de pouvoir contrôler le poids de cette histoire pour finalement l'incorporer dans notre conscience collective de l'avenir."

Nos jeunes auront, nous en sommes confiants, la tâche plus facile pour prendre en main leur destin. Elle sera garante d'un rite initiatique, exempt de périls, leur ouvrant l'entrée au nouveau millénaire grâce à trois moyens qui sont mis en oeuvre: *a.* Les premières années de soins parentaux même s'ils n'ont pas été parfaits; *b.* Les périodes structurées d'engagement formel dans une recherche intellectuelle sérieuse par le biais de l'école (quel que soit le niveau) et dans une analyse approfondie du phénomène incontrôlé qu'ils ont examiné; et *c.* Les efforts soutenus pour donner un sens à la cacophonie de l'existence Caribéenne sous la conduite iconique des congénères d'un Lamming.

Il ne pourrait en être autrement puisque nous tous, qui sommes locataires dans les Amériques, sommes les créatures de ce processus impressionnant de "transformation." Il est consécutif aux rencontres historiques des diverses cultures issues des deux côtés de l'Atlantique dans des circonstances qui ont forgé la tolérance dans la haine et la suspicion, l'unité dans la diversité, et une culture de paix dans le conflit et l'hostilité. Le combat permanent exige de tous, avec le don de connaissance et d'intuition, un engagement profond dans le développement continu de l'humanité.

Ce que nous avons appris de l'histoire aura aiguisé notre connaissance profonde de nous-mêmes au cours de cette transformation ou hybridation—ce grand art qu'est la "transformation" de l'espèce humaine dans le dynamisme et la synthèse des contradictions. Car c'est cela, l'histoire de la vie dans toutes les Amériques dont notre Caraïbe a été partie intégrante et essentielle pendant toute la moitié "du millénaire écoulé." C'est, en vérité, la source et la substance de la grande littérature, du grand art, des grandes structures sociales, des creusets indestructibles de la compréhension humaine, des grandes réalisations intellectuelles dans le domaine des sciences et des lettres, des temps anciens jusqu'à nos jours.

Les essais de Lamming font eux-mêmes partie du débat actuel qui a pour cible les implications historiques, culturelles et scientifiques des rencontres pan-hémisphériques qui ne cesseront d'avoir une importance globale en plein vingt et unième siècle. Car si les évènements de 1492 représentent un point fort dans le développement de la pensée et de la vision de l'homme, le défi pour la Caraïbe et pour le reste des Amériques, en cette fin de siècle, doit être perçu comme une plus grande expansion de pensée dans l'exploration, dans la découverte et la création de nouvelles ontologies, cosmologies et épistémologies appropriées. Elles font partie de l'interminable quête de *l'Homo sapiens* vers de nouveaux horizons à la poursuite du développement et de l'évolution de l'homme.

Et il en est ainsi, malgré la persistance obstinée de ce "mode de pensée dominant" selon Lamming, renforcé par l'entreprise de Colomb et qui s'est développé au contact de l'esclavage et du colonialisme. Ce mode de pensée a divisé le globe en un Monde civilisé et un Autre Barbare, entre Chrétiens et païens, supérieurs et subalternes, développés et sous-développés, riches et pauvres, entre la métropole et la périphérie. Les peuples Caribéens peuvent se féliciter de n'avoir jamais vraiment succombé au manichéisme du Conquérant.

Notre multi-culturalisme (plutôt notre inter-culturalisme), notre multi-ethnicité, notre pluralité de vues sur la politique, l'économie et la société, notre diversité religieuse et les expressions variées de notre production artistique ne devraient, toutefois, pas nous entraîner à des réactions d'homogénisation globale et de monotonie uni-dimensionnelle. Le dilemne de la différence est, après tout, une riche source d'énergie pour une croissance soutenue et un dynamisme social. "Les grands cours d'eau" coulent lentement sans l'apport vital des affluents. Notre existence aux sources multiples, pour toutes les contradictions systématiques qu'elle a connues, est notre plus grand atout plutôt qu'un handicap menaçant pour notre survie, ce que certains voudraient nous faire croire. Nous avons tout à gagner à vivre une existence qui présente une certaine texture par opposition à la surface plane d'une existence qui serait dépourvue de défis pour lesquels il faudrait du courage et de l'audace.

J'invite tous les lecteurs, et surtout nos jeunes, à mieux comprendre les contradictions et les complexités d'un monde dans lequel on a longtemps demandé à l'homme et à la femme moyens de notre région qui se cherchent encore de mener leur vie quotidienne avec la sagesse dialectique née de notre expérience historique et de nos réalités contemporaines. La vie est profondément enracinée dans la lutte incessante qui commença dès l'arrivée du premier Européen jusqu'à la bienvenue de la résistance des Indigènes Américains et du premier esclave Africain à fouler le sol Américain. Il reste encore le combat pour la dignité humaine, pour la justice sociale, pour la liberté individuelle, et pour cet héritage d'existence civilisée dans des communautés à échelle humaine.

Voici, insiste Lamming à juste titre, l'héritage des deux révolutions Haïtiennes et Cubaines. Toussaint-Louverture, Dessalines, José Martí et son héritier du vingtième siècle Fidel Castro, en fait, "symbolisent un processus régional de lutte et de libération de l'esprit" qui est "une partie essentielle de notre cheminement vers la réalisation de l'intégration régionale." Et dans sa clameur caractéristique en faveur de la certitude culturelle, Lamming affirme avec éloquence que "Les deux révolutions prirent racine dans une assise culturelle et elles nous rappellent que nous devons reconnaître et cultiver ce lien intrinsèque entre l'activité culturelle, en tant que miroir et interprétation de l'esprit national/régional et nos aspirations politiques pour une nouvelle sorte de souveraineté."

Déjà, à notre porte, ce chaotique vingt et unième siècle est tributaire de la présence imposante d'un Lamming et de ses congénères; grâce à lui nous voici dépositaires d'une grande tradition de Découverte—ne confondons pas avec la découverte de ce vagabond génois très vénéré; comme je l'ai dit ailleurs, c'est la découverte de la diversité de l'effort humain et l'unité qui sous-tend cette diversité; découverte non seulement du caractère inévitable du changement mais également des principes régulateurs qui sont à la base de tout changement; et découverte que le pouvoir s'associe moins à une contrainte gratuite qu'à la capacité qu'ont les êtres humains à se définir selon leurs propres normes et à s'engager dans l'action d'une façon créative sur la base de ces définitions.

La vision et la créativité de Lamming constituent à la fois la preuve vivante de la capacité que nous avons à nous définir nous-mêmes et de la faculté de nous engager dans l'action créatrice qui découle de ces définitions. Estimons-nous heureux de pouvoir partager son intelligence et son imagination qu'il nous livre si volontiers et si généreusement maintenant.

REX NETTLEFORD
Recteur Adjoint
Université des West Indies
Jamaïque, Caraïbe

PREMIÈRE PARTIE

L'EDUCATION OCCIDENTALE ET L'INTELLECTUEL CARIBÉEN[1]

*Le point de départ de tout examen critique, c'est la prise de conscience de ce qu'on est vraiment, et c'est "se connaître soi-même" en tant que produit des évènements historiques qui ont eu lieu jusqu'à ce jour et qui ont superposé en vous une **infinité de strates** sans laisser d'**inventaire** ... il est donc absolument nécessaire de compiler cet inventaire dès le départ.*

ANTONIO GRAMSCI

LES TERMES OCCIDENT ET OCCIDENTAL, appliqués à l'éducation—qui peut être très largement interprétée comme la transmission de la culture—dans notre expérience, représentent le pouvoir qu'a historiquement possédé une minorité d'hommes qui ne se sont jamais considérés comme partie intrinsèque du paysage qu'ils avaient sous leur contrôle. Leur propre inventaire révèle une succession de crimes monstrueux. Mais ils devaient obéissance à une tradition qui n'avait jamais complètement rompu avec sa propre humanité, et par conséquent, cette tradition s'est trouvée condamnée à l'obligation humaine de présenter une justification morale pour un exercice d'autorité totalitaire qui, en pratique, était immoral. Pendant bien des siècles après l'arrivée de Colomb dans les Amériques, la société Caribéenne a produit des spécimens variés de cette contradiction génocidale.

Les journaux de bord de Colomb comptent parmi les premiers spécimens de littérature de voyage Européenne empreinte d'exotisme.

> J'ai vu tant d'arbres très différents de ceux de notre pays. Beaucoup ont leurs branches qui poussent de différentes manières et tout autour d'un seul tronc, et de formes différentes, et tout ceci est si étrange que c'est la plus grande merveille du monde que de voir tant de diversité. Mes yeux ne se lassent pas de regarder une végétation si belle.... Les oiseaux et les fleurs sont d'une rare

beauté. Je fus si ravi à la vue de ce spectacle que j'ai failli prendre la décision de rester **ici pour le restant de mes jours**.... Ces pays surpassent de loin en beauté et en commodité tout point du globe.

Voici le langage du vendeur dont l'exubérance est destinée à inspirer confiance en ceux qui ont fondé l'entreprise qui est la découverte de l'Or. Les populations indigènes partagent la même originalité avec le paysage par la beauté de leurs relations communautaires.

Ils ont apporté des perroquets, des pelotes de fil de coton, des lances et bien d'autres choses ... qu'ils ont échangés pour des perles de verre.... Ils ne portent pas d'armes.

Un choeur composé d'autres voix suit l'exemple de l'Amiral:

... ils n'attachent aucune valeur à l'or et aux autres objets précieux. Ils n'ont aucun sens du commerce, de l'achat ou de la vente, et dépendent entièrement de leur environnement naturel pour leur survie. Ils sont extrêmement généreux avec ce qu'ils possèdent....

Et comme s'il ne pût arrêter le flot de sa pensée sur la végétation, les ressources minières et les hommes, l'Amiral révèle son intention la plus urgente.

Ils feraient d'excellents serviteurs.... Avec cinquante hommes nous pourrions les subjuguer tous et leur faire faire tout ce que nous voulons.

Le quinzième siècle s'est comprimé en un moment qui nous rappèle notre propre sort: "... nous pourrions les subjuguer tous et leur faire faire tout ce que nous voulons." Image et stéréotype devinrent inséparables dans un mode de perception qui visait une certaine justification morale des actes de conquête qui mèneront inévitablement à la destruction d'un peuple. Dans les cinquante ans qui ont suivi son débarquement, la population indigène des Indes fut réduite à un fragment méconnaissable de son nombre initial. Le génocide était le premier chapitre de l'histoire post-colombienne de la Caraïbe.

La métropole avait trouvé une frontière impériale qui nourrissait son imagination dans un réservoir de mythes infiniment attrayants. C'est alors que surgit un concept coûteux et mortel qui prendrait racine dans l'esprit Européen: le concept du Bon Sauvage, très nécessaire à l'initiation de l'homme Blanc à la civilisation, et tout à fait indispensable au moindre signe de résistance à la conversion blanche. Ce mythe du Bon Sauvage servait deux fonctions distinctes et complémentaires dans les Essais de Montaigne:

> Notre monde vient d'en trouver un autre, non moins grand et membre que lui, toutefois si nouveau et si enfant qu'on lui apprend encore son a, b, c; il n'y a pas cinquante ans qu'il ne savait ni lettres, ni poids, ni mesure, ni vêtements, ni blés, ni vignes. Il était encore tout nu au giron, et ne vivait que des moyens de sa mère nourrice.... Bien crains-je que nous aurons bien fort hâté sa déclinaison et sa ruine par notre contagion, et que nous lui aurons bien cher vendu nos opinions et nos arts....[2]

Le Bon Sauvage devient ici le baromètre par lequel la métropole peut mesurer les défauts de sa propre civilisation; et sa confiance est assez grande pour lui permettre d'atteindre n'importe quel degré de ruine sans ressentir la perte de son rang. La seconde fonction du mythe tient compte d'une théorie de relativité culturelle. Montaigne continue:

> Or je trouve ... qu'il n'y a rien de barbare et de sauvage en cette nation, à ce qu'on m'en a rapporté, sinon que chacun appelle barbarie ce qui n'est pas de son usage; comme de vrai il semble que nous n'avons autre mire de la vérité et de la raison que l'exemple et idée des opinions et usances du pays où nous sommes.... Ils sont sauvages, de même que nous appelons sauvages les fruits que nature, de soi et de son progrès ordinaire, a produit; là où, à la vérité, **ce sont ceux que nous avons altérés par notre artifice** et détournés de l'ordre commun, que nous devrions appeler plutôt sauvages....[3]

Nous ne pouvons être sûr de ce qu'est l'ordre commun, mais Montaigne ne pensait guère que c'est l'ordre qui régit son propre intellect. Ceux qui sont sauvages, de la même façon que les fruits sont sauvages, risquent la pollution au contact de l'Europe; et un sort plus malheureux attend ceux qui, "altérés par notre artifice," tombèrent inévitablement dans une sauvagerie vraiment authentique. C'est dans cette catégorie, je suppose, qu'il conviendrait de mettre l'intelligentsia contemporaine de l'ensemble du monde post-colonial.

"Homme de deux mondes," "personnalité dédoublée" sont les

descriptions-clichés qui font obstacle au dialogue libre entre l'Europe et ces étrangers qui ont maîtrisé la grammaire de la pensée Européenne et l'ont utilisée à des fins qui sont en conflit avec l'idée que l'Europe se fait d'elle-même en tant que gardien initial et ultime de toute pensée humaine. Ce n'est pas un obstacle facile à surmonter si vous êtes disposés à le faire: être Bon Sauvage, c'est devenir invisible pour l'autre. Etre Sauvage Converti, c'est être perdu dans une schizophrénie intellectuelle qui ne peut être rachetée. Ils sont plus sages, peut être, ceux qui ont suivi la tradition humaine de résistance comme l'ont fait les Caraïbes et que le mythe a élevé aux rangs de barbares. En effet, la barbarie devint le terme utilisé pour toute forme de résistance physique effective et la **condition** qui distinguait les militants, hommes et femmes, de l'état de grâce qui était Blanc, humain, et par essence, supérieur à toute autre forme d'existence animale.

L'Amiral des Océans, un homme qui a parcouru les mers dans la conviction absolue que Dieu l'avait destiné à être son instrument divin pour propager la foi; ce marin n'avait pas sitôt posé le regard sur ces Bons Sauvages que l'idée lui était venue, et le plus naturellement du monde, "... nous pourrions les subjuguer tous et les faire faire tout ce que nous voulons." La subjugation et la servitude devinrent les instruments logiques de la communication sociale entre l'Europe et tous les autres. Dès le premier jour de l'arrivée de Colomb, l'idéologie du racisme devint la fondation de toute l'histoire Caribéenne qui, pendant les trois siècles suivants, serait décidée par la force.

Dans *Les Flibustiers et les Boucaniers d'Amérique*, le Hollandais John Esquemeling, arrivant quelques deux cents ans après Colomb, parle le seul langage que comprit l'Europe:

> Nous savons qu'il ne pourrait jamais y avoir de paix au-delà de la frontière, depuis la première prise de possession des Antilles par les Espagnols, jusqu'à la mise à feu de Panama.... Jusqu'à cette époque, les habitants Espagnols d'Amérique étant, pour ainsi dire, en guerre perpétuelle avec l'Europe, certain qu'il est qu'aucune côte, ni royaume au monde n'a été plus fréquemment infesté ni alarmé par les invasions de plusieurs nations que la leur. Ainsi, dès le début de leur conquête en Amérique,... Anglais, Français, Hollandais, Portugais, Suédois, Danois

... et toutes les autres nations qui naviguent sur l'océan, ont fréquenté les Antilles et les ont assailli de leurs vols et assauts.

Il est presque impossible de faire justice à la brutalité, sans précédent, de pensée et de sentiment qui est devenue l'essence même de la conscience Européenne dans son désir d'accaparer l'or qui, dès le dix-huitième siècle, avait fait du sucre une valeur, aussi estimée que l'acier ou le pétrole de notre époque. Dans "Coeur de Ténèbres" le romancier Joseph Conrad a failli succomber à cette rage atavique quand il l'a côtoyée au Congo dans les années 1890.

C'était des conquérants, et pour l'être il vous suffit d'avoir la force d'une brute—rien dont on peut se vanter quand on l'a, puisque votre force n'est qu'accidentel puisqu'elle provient de la faiblesse des autres. Ils ont accaparé tout ce qui leur tombait sous la main. C'était pur vol accompagné de violence, meurtre aggravé à une grande échelle, et les hommes se ruant là-dessus, les yeux fermés—comme le font ceux qui marchent dans l'obscurité. Conquérir la terre, ce qui veut surtout dire l'arracher des mains de ceux qui ont **une peau différente ou un nez légèrement plus plat que le nôtre**, ce n'est pas beau à voir quand on regarde cela de trop près.

Mais cette entreprise, aussi barbare qu'elle eût été dans son exécution et ses résultats, peut être rachetée par la reconnaissance et la pratique d'une vraie responsabilité impériale. "Ce qui la rachète," continue Marlow, "ce n'est que l'idée. Une idée qui se trouve derrière; pas une prétention sentimentale mais une idée; et une croyance désintéressée en l'idée— quelque chose que vous pouvez élever, devant qui vous pouvez vous prosterner et à qui vous pouvez offrir un sacrifice...."

Conrad, le Polonais, l'exilé, l'éternel étranger, cherchant à être englouti dans le courant dominant des us et coutumes Anglaises ainsi qu'à l'autorité Anglaise, est parfaitement sûr du point exact de cette idée. Il admet ressentir des sentiments complexes pour la Guerre des Boers, mais il sait à quel drapeau il sera loyal: "Qu'eux—les Boers—luttent de bonne foi pour leur indépendance, c'est hors de doute, mais c'est un fait aussi qu'ils n'ont pas la moindre idée de ce qu'est la liberté, qui ne se trouve que dans les pays du monde où flotte le drapeau Anglais...." Ce don impérial de la part de ceux que la couleur a refusé le statut de personne humaine a une longue tradition récurrente dans la conscience Européenne. Le Congo avait eu lieu beaucoup plus tôt par l'entremise de l'Amiral Colomb. Le meurtre, la torture et le viol qui ont transmis l'héritage Espagnol de la syphilis avaient vite exterminé un peuple qui avait surpris leurs intrus parce-qu'ils "n'attachent aucune valeur à l'or et aux autres objets précieux ... ils n'ont aucun sens du commerce,... et ... sont extrêmement généreux avec tout ce qu'ils possèdent." Ce n'était pas beau, comme le disait Marlow.

Mais l'historien Espagnol, Juan Gines de Sepúlveda, passant en revue ces horreurs, plus de trois siècles avant l'holocauste du Congo des années 1890, avait déjà compris le pouvoir rédempteur de l'idée.

> Il ne me semble pas que cela aille à l'encontre de la justice que de leur enseigner des manières justes et humaines. Ces peuples méritent, de par leur propre nature et dans leur propre intérêt, d'être placés sous l'autorité de princes et nations civilisés et vertueux, afin qu'ils puissent tirer leçon de la puissance, de la sagesse et de la législation de leurs conquérants dans le but de mettre en pratique une meilleure moralité, des coutumes plus dignes, et un mode de vie plus civilisé....

Bien sûr, le dilemme moral n'est pas clos par Sepúlveda. Car Bartolomé de las Casas, un produit de la même tradition, se débattait avec cette idée, et argumentait:

> Tous les peuples du monde sont des hommes ... ils sont tous dotés de compréhension et de volition, tous regrettent le mal et l'ont en horreur.... Aucune nation n'existe aujourd'hui, ni ne pourrait exister—ses coutumes ont beau être barbares, brutales ou dépravées—si elle n'est pas attirée et convertie à toutes les vertus politiques et à toute l'humanité d'hommes domestiques, politiques et rationels.

Mais cette perspective humaniste chrétienne n'a pas rompu avec la tradition de l'Eglise Espagnole d'assurer l'évangélisation des Indiens. Cette ambition, ressentie maintenant comme une obligation morale, de contrôler et gouverner les Bons Sauvages du monde tropical, à cette incroyable distance, était porteuse de risques et de difficultés considérables mais, selon le sociologue Anglais Benjamin Kidd, elle devait être entreprise "si le monde civilisé n'avait pas l'intention d'abandonner tout espoir de poursuivre sa conquête économique des ressources naturelles du globe." La mission civilisatrice était, par conséquent, inextricablement tissée dans l'intérêt matériel dominant qui n'avait pas de place dans son vocabulaire pour le mot "assez" et poursuivait sa mission ultime, c'est-à-dire la "conquête économique des ressources naturelles du globe."

L'idée que l'Occident s'est fait de son rôle s'est mûrie en une doctrine de responsabilité impériale. Les puissances rivales peuvent contester leur juste droit au territoire mais il y avait une présomption établie concernant leur relation hiérarchique avec ceux qui tombaient sous leur contrôle. De 1815 à 1914, selon Harry Magdoff dans *l'Encyclopédie Britannica*, "La domination coloniale directe Européenne est passée de 35% de la surface de la terre à environ 85%." Ces statistiques éclairent le débat soulevé par Jean-Paul Sartre dans son introduction aux *Damnés de la Terre* de Franz Fanon:

> Il n'y a pas si longtemps, la terre comptait deux millions d'habitants: cinq cent millions d'hommes, et mille cinq cent millions d'indigènes.

Ainsi l'affirmation brutale de Sepúlveda faite au seizième siècle: "Il ne me semble pas que cela aille à l'encontre de la justice que de leur enseigner des manières justes et humaines," trouve presque un écho fidèle dans la revendication plus libérale et rationnelle de Lord John Dalberg Acton, deux cents ans plus tard.

> La soumission à un peuple de haute performance en matière de gouvernement n'est pas un malheur en soi; et pour la plupart des pays, c'est la condition de leur avancement politique. Une nation ne peut acquérir l'éducation politique que par dépendance à une autre.

A l'extrême gauche d'Acton, radical et progressif dans sa critique de l'impérialisme, J. A. Hobson dans le livre portant ce titre se soumet à la sagesse reçue des âges et concède

> que toute interférence de la part de nations blanches civilisées avec les 'races inférieures' n'est pas, de prime abord, illégitime ... mais cette interférence ne peut être laissée à l'entreprise privée d'individus blancs, sans qu'il n'y ait de risque. Si ces principes sont admis, il s'ensuit que les gouvernements civilisés

peuvent entreprendre le contrôle politique et économique des races inférieures—en un mot, que la forme caractéristique de l'impérialisme moderne n'est pas illégitime, dans toutes les conditions.

Les influences décisives qui façonnent cette conception du monde furent l'acquisition de la connaissance et du pouvoir: le triomphe de la science sur la religion en tant que révélation directe de la réalité et de la force supérieure des armes.

Cet héritage de responsabilité impériale devint un élément naturel dans la conception que l'Euro-Amérique se faisait de sa destinée. Elle avait réglé le problème de l'esclavage sans porter atteinte à l'idéologie du racisme qui fournirait à la nation son lien le plus puissant d'unité. La ségrégation de la présence Noire intensifie la menace qu'elle représentait et sauva l'Amérique Blanche d'un grave conflit interne de lutte de classes. Si la démocratie ne pouvait prendre racine sur le continent, son idée pouvait être propagée à l'extérieur. L'idée de Marlow est vigoureusement exprimée dans les confessions du Président des États-Unis William McKinley à un groupe de sénateurs en 1898:

> Je faisais les cent pas à la Maison Blanche, nuit après nuit jusqu'à minuit; et je n'ai pas honte de vous dire, messieurs, que je me mis à genoux pour implorer le Dieu Tout-Puissant de m'éclairer et de me guider, plus d'une fois. Et une nuit, il me vint à l'esprit.... 1) Que nous ne pouvions les *(Les Philippines)* rendre à l'Espagne—ce serait lâche et indigne. 2) Que nous ne pouvions les passer à la France ou à l'Allemagne ... ce serait une mauvaise affaire et un acte déshonorant. 3) Que nous ne pouvions les livrer à eux-mêmes—ils ne sauraient se gouverner—et l'anarchie et le désordre ne tarderaient pas à régner là-bas pire que ce qui existe en Espagne; et 4) Que la seule chose qu'il nous restait à faire, c'est de prendre tous les Philippins, de les éduquer, de les civiliser et de les Christianiser, et par la grâce de Dieu faire tout ce qui est de notre mieux pour eux, comme nos prochains pour qui le Christ est mort également. Ensuite, j'allai au lit et m'endormis. Je dormis profondément.

Mais quand McKinley dort profondément, nous, nous sommes réveillés par des cauchemars, car ces crudités simples Pentecôtistes seraient purifiées par un argument intellectuel plus intimidant qui deviendrait l'influence décisive et la justification morale de la politique extérieure des États-Unis. C'est ce qu'exprime avec une confiance caractéristique Henry Kissinger dans un essai intitulé, "Structure Interne et Politique Etrangère" en 1974:

> L'Occident est profondément engagé dans cette conception que le vrai monde est extérieur à l'observateur, que la connaissance, c'est l'enregistrement et la classification des données—plus elle est précise mieux cela vaut.... Les cultures qui ont échappé au premier choc de la pensée Newtonienne ont retenu la conception essentiellement pré-Newtonienne que le vrai monde est presque complètement interne à l'observateur.... La réalité empirique revêt une signification beaucoup plus différente pour de nombreux pays nouveaux que pour l'Occident parce que, dans un certain sens, ils n'ont pas connu l'expérience de la découverte.

La vieille dichotomie entre civilisé et non-civilisé, Prince Chrétien et Bon Sauvage engendre un système plus agréable et plus mortel qui consiste à morceler le monde entre ceux qui ont retenu une conception pré-Newtonienne de la réalité, et ceux pour qui le vrai monde est une construction de la pensée systématique et d'un ordre intellectuel scrupuleux. Ceci n'explique pas, bien sûr, comment les post-Newtoniens ont réussi à plonger le continent de leur origine dans les horreurs sans précédent de deux guerres mondiales au vingtième siècle. Mais, pourrait-on avancer, cela a pu être une simple erreur de calcul interne qui a tout faussé pendant un certain temps.

C'est dans ce contexte de réalité historique et géo-politique qu'un assemblage important de littérature sur la Caraïbe, dans toutes ses langues, a créé une écriture ou un texte propre avec tous les contours de race et de stratification de classes qui constituent la substance la plus familière de notre héritage. C'est dans ce contexte, avec son formidable monument historique et philosophique de connaissances et de pouvoir, que l'intellectuel Caribéen s'est formé et, en lui, a été superposée "une infinité de strates sans laisser d'inventaire" propre.

***

Le mot "intellectuel" simule un champ de bataille, évoquant des attitudes de négation et même de ridicule. J'aimerais identifier quatre sens dans lesquels nous pouvons utiliser ce mot et identifier les catégories spéciales d'individus dont les activités peuvent les définir, en conséquence.

Dans le premier exemple, un intellectuel peut être considéré comme une personne qui est essentiellement préoccupée par des idées—l'origine et l'histoire des idées, les façons dont les idées ont influencé et dirigé la pratique sociale. Le souci du philosophe est de déterminer comment on acquiert la connaissance, de se demander si les impressions de sens sont un guide sûr pour découvrir la vérité à travers la réalité, et comment devrait être interprétée la preuve de l'observation. Un discours complexe recouvre ce qui est plus généralement compris comme la relation problématique entre l'apparence et la réalité.

Ces intellectuels commencent avec une connaissance spécialisée dans un domaine particulier de l'activité humaine, disons l'histoire ou les sciences naturelles, puis ils finissent par découvrir que cet ensemble particulier de connaissances est lié à d'autres domaines de la pensée humaine. Leur but est de fournir une conception synoptique d'une civilisation entière. Par exemple, citons des philosophes professionnels tels qu'Alfred North Whitehead ou Lord Bertrand Russell; Karl Marx; ou en histoire Arnold Toynbee, W. E. B. Du Bois, et dans notre région, C. L. R. James. Mais ce qui les distinguerait, disons James et Du Bois, de Toynbee et Whitehead ce n'est pas la nature ou la portée de leurs intérêts, mais plutôt la fonction spécifique qu'ils ont donnée à leurs intérêts, le but concret qui a motivé leur étude de la société humaine.

Les Jacobins Noirs de James ou *L'Ame des Noirs* et *La Reconstruction Noire en Amérique 1860-1880* de Du Bois sont les initiateurs de l'inventaire d'un peuple dont l'humanité n'avait pas été validée, et dont la participation à la transformation du monde et à l'expansion du concept de liberté reste sérieusement contestée. Ici notre dette envers le peuple Haïtien est élucidé par le romancier Cubain Alejo Carpentier grâce à la signification qu'il donne à la Révolution Haïtienne:

> Quand nous prenons la grande encyclopédie éditée par Voltaire, Diderot, Rousseau au milieu du 18ème siècle en France, et dont

les idées ont eu une telle influence sur les commandants de nos Guerres d'Indépendance, nous trouvons que dans cette grande encyclopédie, le concept d'indépendance revêt une valeur qui est encore purement philosophique. On parle d'indépendance, oui, l'indépendance vis-à-vis du concept de Dieu, vis-à-vis du concept de la monarchie, du libre-arbitre, jusqu'où s'arrête la liberté individuelle de l'homme, mais on ne parle pas d'indépendance politique. D'autre part, ce que demandaient les Noirs d'Haïti—ceux qui étaient les précurseurs de toutes nos guerres d'indépendance—c'est l'indépendance politique, l'émancipation totale.

Il y a un second sens, moins rigoureux, dans lequel nous pouvons utiliser le terme "intellectuel." Pour désigner ceux qui sont engagés, en tant que producteurs ou instructeurs, dans un travail qui exige une activité intellectuelle consistente. Ce peut être des artistes dans une variété d'expressions imaginatives; des enseignants; des technocrates ou des universitaires.

L'universitaire Caribéen, souvent spécialiste de grande compétence et d'intérêts très limités, n'est pas nécessairement un intellectuel au premier sens du terme puisque lui ou elle a peu ou pas d'intérêt pour la nature des idées ou la corrélation qui existe entre les diverses disciplines. Il n'est pas difficile de trouver dans nos rangs un historien ou un économiste social qui a très peu de connaissance sur la littérature imaginative ou l'histoire culturelle générale de la région dont il en reconstitue le passé. Et un romancier ou un poète peut être un excellent écrivain avec peu ou pas d'intérêt pour les questions philosophiques soulevées par ces formes particulières d'expression appelées le poème ou le roman. En effet, il se peut qu'ils considèrent fou de se laisser distraire par une telle spéculation.

Troisièmement, nous pouvons utiliser le terme "intellectuel" dans un sens généralisé, pour désigner une grande variété de ceux dont les goûts et les intérêts favorisent, et même se focalisent sur les produits d'une certaine activité intellectuelle: des gens cultivant l'amour de la musique sous toutes ses formes, ou le théâtre, ou passionnés pour les arts visuels ou pour la lecture d'une sorte de littérature visant à cultiver l'esprit et à vivifier la sensibilité; des gens qui regarderaient sans doute l'actuelle irruption de la télévision Américaine comme très destructrice pour l'intelligence critique (ce qui en fait a pu être son intention initiale). Il est important ici de faire une nette distinction entre ce produit d'exportation Américain que l'industrie de la publicité veut absolument déverser sur vous, et une certaine qualité de télévision Américaine qui, au mieux, est irrésistible comme forme d'exercice d'éducation populaire et de vitalité intellectuelle.

Les intellectuels correspondant au sens généralisé peuvent représenter une très grande variété de professions. Ils recouvrent les éléments du second exemple: enseignants, technocrates et universitaires, et constituent ce que j'appellerai **le domaine ou la zone de médiation**. Ils sont d'une importance très critique car ils contribuent à l'inventaire de l'intérieur et le rend ainsi disponible.

Je choisirai le critique littéraire universitaire comme exemple d'intellectuel Caribéen jouant ce rôle de médiateur. Le contexte dans lequel nous enseignons et apprenons joue toujours une influence déterminante sur la pratique et le contenu de ce que nous appelons la connaissance. Il peut définir et même limiter notre perception du domaine de médiation: c'est-à-dire la zone où nous situons notre activité lorsque nous créons des liens vitaux entre les sources de la connaissance et la consommation plus vaste de faits. Nous parlons d'hommes et de femmes qui gagnent leur vie dans la salle de classe. C'est à la fois un grand avantage et une sérieuse restriction de passer la totalité de vos années de travail à l'école. Certains ont commencé là alors qu'ils étaient bébés, et ils ont, grâce à des bourses et autres moyens, accédé à des institutions qui devenaient de plus en plus élevées, presque inaccessibles—surtout après avoir traversé l'océan comme migrants pour se rendre dans les citadelles "originelles" du savoir.

La tradition Occidentale de tutelage impérial exigeait cette initiation et engendrait, au milieu de cette infinité de strates, une **prédisposition pour la spécialisation**, non seulement dans une zone spécifique de recherche intellectuelle, mais une soumission coloniale aux exigences institutionnelles, et au règlement sacré de l'institution métropolitaine. Les outils d'analyse acquis et le vocabulaire du commentaire critique font partie de l'infinité de strates maintenant tissées dans un mode spécifique de perception. Il y a une certaine magie dans cet air métropolitain qui accroît son pouvoir à son retour sur le sol natal. Cette tradition occidentale a toujours été très sélective en choisissant ses recrues pour la consolidation de sa mission et le contrôle politique qu'elle exerce sur le sol natal a créé un environment dans lequel les intellectuels Caribéens rivalisaient aussi pour se faire distinguer dans des mondes où il y a un grand manque de connaissance sur les problèmes qu'ils traitent en tant que spécialistes dans ce domaine.

C'était et cela reste un héritage difficile à assumer; un système qui avait gravement restreint la distribution de cette forme de propriété que nous appelons la connaissance. Et la connaissance est vraiment une sorte de bien matériel. Plus on l'acquiert avec difficulté, plus elle devient une commodité sociale prestigieuse. D'où le respect énorme et primitif qu'on porte aux docteurs en médecine en tant qu'icones de succès. On peut, bien sûr, trouver des parallèles dans d'autres domaines où la possession matérielle de la connaissance est soumise à de semblables pratiques restrictives; l'histoire, l'économie, même en science médicale où certains médecins affichent une certaine impatience si vous cherchez à savoir un peu plus sur les guérisons qu'ils recommandent. Le domaine de médiation est limité par la perception inhibitrice que se fait le médiateur de son rôle quand il étend le terrain de médiation. Cette difformité au niveau critique a eu des conséquences négatives pour les écrivains et ceux qui font le diagnostic de ce qui est écrit.

Faire le diagnostic n'est pas un terme inapproprié pour des hommes et des femmes qui insistent à s'appeler docteurs (cela pourrait contribuer énormément au caractère égalitaire du savoir si nous nous débarrassions de ces emblèmes vides de sens). Le texte est, en vérité, étalé, exposé, comme un malade et après la plus méticuleuse dissection, il devient éthérisé. Il y a une odeur de pansements provenant des renvois accumulés en bas de page, une certaine odeur de morphine plane sur la thèse moyenne. Ceci peut être inévitable dans une structure où la réussite dans une carrière est fonction de l'acquisition de ces emblèmes.

Ainsi, si je puis me permettre de passer de la définition de l'intellectuel dans ce rôle de critique littéraire universitaire à une prescription pour ce rôle, je proposerais que la fonction essentielle et suprême de l'intellectuel/critique dans nos circonstances est d'être médiateur du texte; et la zone de médiation doit aller au-delà de l'enclave du spécialiste et de l'étudiant ou du spécialiste en dispute avec un spécialiste. Elle doit essayer d'aller au-delà de ce domaine de médiation pour relier la substance humaine du texte à la conscience collective, la réalité sociale continue qui a, en fait, nourri l'imagination des écrivains. Ainsi l'intellectuel/critique, dans nos circonstances (qui nécessitent la compilation, la préservation et la dissémination de notre propre inventaire) a aussi besoin de cultiver les compétences du journaliste, le tempérament d'urgence si commun à l'évangéliste, intervenant dans le débat public sur des questions qu'il ou elle peut aisément identifier dans les textes littéraires qui sont utilisés dans la médiation.

Ce rôle de médiation (en tant que force de résistance à l'hégémonie Occidentale) ne peut pas être joué là où l'intellectuel/critique fonctionne presque exclusivement dans une enclave académique où le texte offre un champ de bataille aux diagnostics conflictuels entre les spécialistes et leurs étudiants, qui peuvent aussi aspirer au rôle de "maître." De telles enclaves définissent et limitent le terrain de médiation. Il serait aussi vrai de dire que, dans le cas de la littérature Caribéenne en Anglais, cette enclave a offert des possibilités pour une certaine forme de médiation.

Il est possible de retracer l'évolution de la littérature Caribéenne à mesure qu'elle est passée du stade de récit exotique et excentrique à celui de texte en tant que récit sincère et intrinsèque de l'expérience d'une réalité sociale spécifique (en d'autres termes, l'inventaire d'un troupeau identifiable). Nous avons traversé une période où l'on s'est contenté d'entendre parler des premiers romans sans avoir bénéficié d'une réaction critique informée, et sans y avoir été confronté, et nous y avons survécu. La grande masse de notre population avait toujours été exclue de la culture de la lecture du livre.

Même là où il y a eu une aptitude critique et une intelligence vive pour traiter les risques de la survie, la structure de l'école n'avait pas préparé la grande masse de notre peuple à considérer le livre comme un compagnon qui les accompagnerait au-delà de l'école. Et la formation progressive d'une classe moyenne instruite a souffert des déficiences du contexte dans lequel elle fut scolarisée. Etant le reflet de l'économie politique qui a façonné leurs valeurs, le livre, comme les autres sortes de commodité sociale, a acquis du respect seulement en tant que produit importé. Il perdit toute réalité quand il apparut en tant que création indigène. L'instruction a été pour cette classe un sérieux obstacle au développement, et un ennemi hostile à toute lutte pour l'authenticité culturelle, pour la compilation d'un inventaire de leur propre expérience.

C'est ici que l'intellectuel/critique, de l'intérieur de l'enclave des spécialistes, commençant avec l'Université des West Indies à Mona, a porté le premier coup dur reconnu au nom de la littérature en tant que création indigène. Ils avaient autorité pour parler au nom de la littérature au sens noble, celle qui est connue comme littérature classique, aussi bien qu'au nom de la littérature au sens concret de ce qui se produisait sur le sol natal. Et leurs étudiants, qui étaient de vrais débutants, reçurent leur premier baptême de reconnaissance de soi en élucidant ces textes indigènes.

L'intellectuel/critique, dans ce contexte, a contribué à élever le livre de la région, sur la région, du manque d'attention voire même de ridicule au stade de texte digne d'être étudié, de recherche, d'analyse, de commentaire. Nous sommes entrés dans le programme scolaire. Mais dans ce processus de sanctification, l'enclave avait contourné un monde plus vaste où s'est arrêté le terrain de médiation. Il est vrai que bon nombre de ces étudiants devenaient des maîtres (très différents de leurs prédécesseurs) qui étaient les messagers du texte. Mais le message n'avait pas de continuité au-delà de la salle de classe et de la remise des diplômes. Néanmoins, une petite parcelle de terre avait été conquise. Et c'est une contribution importante venant de cette catégorie d'intellectuel.

Ce sont ces deux catégories d'intellectuel, ceux qui occupent un domaine de médiation (universitaires, technocrates, enseignants) et les enthousiastes les plus généraux des formes d'expression culturelle qui peuvent réduire ou étendre le terrain de médiation. Ils sont déterminants pour tout concept viable de souveraineté. La souveraineté n'est pas possible là où la majorité est exclue de ce processus de contrôle collectif des règles qui régissent la collectivité et de la définition continuelle de soi.

L'excellence des travaux individuels de l'imagination ou de l'ingéniosité du discours entre les écrivains et leurs critiques ne sont pas le garant de la souveraineté d'une littérature. Elle est tributaire de la possession d'un texte par la société dans son ensemble sur le terrain de médiation le plus varié. Le texte doit devenir familier et doit faire partie d'une conversation normale quotidienne. Les livres ne meurent pas si les gens qui reconnaissent que le livre parle d'eux et provient d'eux, en parlent dans une variété de situations. Voilà ce que veut dire le terme "classique" quand on se réfère à une littérature nationale. Et toute littérature est littérature nationale; elle ne dure pas exclusivement grâce aux dons des écrivains, mais en grande partie grâce à la persistance de ces médiateurs (intellectuels des catégories deux et trois) qui veulent à tout prix étendre le terrain de médiation. Cela permet de faire partie du mécanisme d'une classe dirigeante, comme l'était Thomas Arnold de Rugby qui contribua énormément au nombre de morts intellectuels que nous honorerions en sujets loyaux de cette formidable entreprise impériale que nous avons appelé l'éducation Occidentale.

Il y a un quatrième sens dans lequel le mot intellectuel peut être appliqué à toutes les formes de labeur qui ne pourraient en aucun cas être exécutées sans quelque exercice de l'esprit. Dans ce sens, le pêcheur et le fermier peuvent être considérés comme travailleurs culturels et intellectuels de leur propre chef. L'expérience leur a fourni un ensemble considérable de connaissances et une capacité à porter des jugements judicieux sur leur travail quotidien. Si nous ne les considérons pas comme travailleurs culturels et intellectuels, c'est en grande partie, à mon avis, à cause de la stratification sociale qui est créée par la division du travail, et l'héritage d'un système éducatif qui avait pour objectif de renforcer cette division dans nos modes de perception de la réalité sociale. Mais la preuve de ce que j'avance est là.

Professeur Woodville Marshall dans "Notes sur le Développement de la Paysannerie dans les West Indies depuis 1838" écrit en 1968 ce qui suit:

> L'activité paysanne a modifié la nature de l'économie et de la société de Plantation qui existait à l'origine. Ce sont les paysans qui ont été les innovateurs de la vie économique de la communauté. Ils ont produit une plus grande qualité et variété d'aliments de subsistance et de bétail, et ont, en outre, introduit de nouvelles récoltes et/ou réintroduit des anciennes. Ce sont les paysans qui ont amorcé la conversion de ces

territoires de Plantation en des sociétés modernes. De façon très variée, ils ont essayé de construire des communautés locales auto-productives. Ils ont fondé des villages et des marchés; ils ont construit des églises et des écoles; ils ont réclamé, à grands cris, l'extension des structures éducatives, l'amélioration des moyens de communication et des marchés; ils ont instauré le mouvement local coopératif.... Le développement de la paysannerie, c'était l'émancipation en action.

C'est un exploit d'activité culturelle et intellectuelle de premier ordre. Mais vous ne pouvez pas **le voir de cette façon**, parce que vous avez été formés pour situer ces gens dans un ordre d'évaluation sociale entièrement différent.

Pour l'intellectuel Caribéen moyen, le domaine de médiation ne s'étend pas à cette classe en tant qu'agents d'un échange mutuel entre les instruits et les non-instruits. Cependant, pour Walter Rodney, c'est là précisément que devait commencer l'acte de médiation. Il pensait que c'était là, dans ce segment négligé de la société civile, que résidait la force de transformation la plus dynamique. Dans son *Histoire des Travailleurs Guyanais*, il a cherché à faire exploser le mythe de la passivité Indienne devant les contraintes tyranniques de la Plantation, documentant leur capacité à faire de la grève une force et les façons variées dans lesquelles l'interaction de ces deux peuples, Africains et Indiens, a façonné une nouvelle base de réciprocité sociale.

L'arrivée des Indiens Orientaux à la Caraïbe comme main-d'oeuvre engagée dans les années 1830 coïncide avec l'émancipation de l'esclavage et le retrait graduel de la main-d'oeuvre Africaine libérée des plantations Européennes, surtout à Trinidad et en Guyana. La fin de ce vieil état d'esclavage imposé marque le début d'une nouvelle organisation esclave. Les Indiens étaient soumis aux lois du laissez-passer qui liaient tout homme et toute femme à la propriété précise à laquelle chacun avait été assigné. Toute violation de cette loi entraînait l'emprisonnement avec travail disciplinaire. Les travailleurs indiens alternaient entre la prison et l'hôpital qui servait souvent de camp pour ceux qui arrêtaient de travailler en guise de protestation contre les conditions de travail et le rôle particulier qu'il leur avait été donné dans la stratégie du Planteur de contenir et d'éroder le potentiel radical de la main-d'oeuvre Africaine libre.

La main-d'oeuvre Africaine libre perdit son pouvoir de négocier partout où il y avait un réservoir de travailleurs indiens engagés. Une division artificielle s'instaura dans les classes ouvrières avec des conséquences qui devinrent plus complexes et plus débilitantes dans toute lutte contre la Plantation. Le système engendra une classe ouvrière rurale, travaillant surtout dans le sucre et presque entièrement indienne; et une classe ouvrière urbanisée qui sera de souche Africaine, pour la plupart. La politique de résistance fut obscurcie ou submergée par des conflits d'intérêts démographiques, et par le scénario, plus dangereux, d'antagonisme culturel. Et chaque groupe vit l'autre à travers le filtre de ce pouvoir Européen qui les avait amenés à des époques différentes dans la même région et pour la même cause.

Rodney voulut contribuer à renverser l'hégémonie de la Plantation et de ses institutions Occidentales; oeuvrer pour l'émergence d'une conscience alternative. Il ne partageait pas l'opinion d'un grand nombre de ses collègues qui préconisaient que l'ensemble des intellectuels devrait chercher à adopter une position de neutralité. (Car il savait que les écoliers de McCauley avaient appris qu'une île était "une portion de terre entièrement entourée par la Marine Britannique.") Il pensait que l'histoire était un moyen de catégoriser la connaissance qui pourrait devenir une part active de la conscience de la masse non-instruite de gens ordinaires. Il ne se contentait pas de discuter avec ceux qui avaient pris refuge permanent dans l'enclave de la recherche et des études doctorales. Il se promenait et conversait avec ces paysans et travailleurs Africains et Indiens qui étaient devenus la raison d'être de ses activités intellectuelles.

Il avait engagé, dans sa vie personnelle et professionnelle, une rupture définitive avec la tradition qu'il avait apprise à servir; et il est mort, convaincu que la seule émancipation fructueuse, c'était l'émancipation de soi; qu'hommes et femmes moyens devraient être intellectuellement équipés pour se libérer de ces formes hostiles de possession qui sont basées exclusivement sur le principe de l'intérêt personnel matériel.

Il y a quelques dizaines d'années, dans une certaine mesure, nous ne savions pas que les Africains et les Indiens sont dotés d'une extraordinaire capacité de résistance à la même force de domination qui a cherché à s'approprier leur avenir et à définir à jamais ce que devrait être leur destinée. Mais cette connaissance est encore largement réservée aux archives. Elle est consignée au sein d'un cénacle d'érudits et de chercheurs, de consultants et de technocrates. C'est une connaissance qui attend encore la distribution de masse et qui, par conséquent, n'est pas encore devenue l'influence qui doit façonner la pensée de ceux dont les récents ancêtres l'ont rendue possible. Elle n'est pas inscrite dans leur conscient.

C'est une histoire spéciale de discontinuité et d'aliénation dans un nouveau paysage; une histoire de résistance et de rébellion contre un contrôle de la main-d'oeuvre à l'apartheid. Mais les victoires de la main-d'oeuvre organisée ont contribué à démocratiser la région; et la lutte permanente, combien guerrière et confuse dans ses manifestations, a établi de nouvelles règles post-impériales pour définir notre réalité. Ces procédures, sur une longue période et à force de conflit et de labeur, ont également suscité une réaction créative de Cuba envers les Guyanais, et ont produit, dans la littérature—qu'elle soit d'imagination ou de polémique—dans les arts et dans la religion (Haïti), une forme très caractéristique qui est de formation Caribéenne, et qui est reconnue comme Caribéenne dans l'expression de sa vie culturelle et intellectuelle.

Pourtant, le "mode dominant propre" de l'héritage Occidental qui a tracé les limites de la recherche intellectuelle par la balkanisation géopolitique de la région, nous a imposé une restriction sévère. Ainsi, alors que les intellectuels Anglais et Français choisiraient toute l'Europe comme civilisation et culture unique pour leur champ d'exploration et de récupération, l'intellectuel Caribéen a été maintenu dans l'habitude de creuser exclusivement l'enclave que constitue sa petite île dont la zone linguistique correspond à cette même métropole dont les institutions ont, en grande partie, fixé son mode de discours et l'ont fait un des leurs.

Il est rare de trouver un historien ou un homme de science social Caribéen qui utilise l'ensemble de la région comme champ de recherche et s'engage dans une étude comparative des particularités de chaque île. C'est ainsi que la Martinique et les autres colonies Françaises de la région engagent le dialogue avec Paris; les Antilles Néerlandaises s'accrochent à la prétendue conception qu'elles sont un partenaire constitutionnellement égal au sein du Royaume Néerlandais; les territoires Hispaniques ont obéi aux orthodoxies Espagnoles et Européennes au sens large; la Caraïbe Anglophone, ignorant le débat engagé chez ses voisins, s'est accommodée d'une tradition Anglaise exclusive, cédant maintenant à une nouvelle hégémonie Nord-Américaine (qui comprend les territoires Américains de la Caraïbe).

Un trait caractéristique de la région, ce sont les origines étranges de notre arrivée ici. Les peuples indigènes ont trafiqué et se sont installés sur le continent au sud jusqu'à Cuba, au nord. Bientôt ces îles seraient sans hôte ancestral—très différent du continent où les Amérindiens se sont obstinés et ont marqué de leur signature, d'une manière décisive, l'évolution culturelle d'une grande partie de ce qu'on appelle aujourd'hui l'Amérique Centrale et Latine. Cette Caraïbe devint une frontière impériale pour laquelle s'est battue chaque puissance Européenne connue en vue d'établir ce qui était peut-être leur première implantation du capitalisme en outremer.

Les principaux voyages partant de l'Afrique et d'Asie vers cet archipel furent organisés dans le but de poser et consolider les bases de cette implantation. Ce cargo humain serait parti dans l'ignorance totale de sa destination. L'expérience initiale des Africains et des Asiatiques représente l'expérience d'une aliénation contrôlée et violente du produit de leur labeur; aliénation de la signification et du but du travail humain. Et ils étaient souvent de parfaits étrangers l'un pour l'autre même quand ils provenaient du même continent.

Cela a dû nécessiter une énorme ressource spirituelle pour survivre aux brutalités du contrôle, aux périls et angoisses de l'inconnu, à la suspicion et à l'insécurité qui accompagnaient toute réaction humaine dans ce voyage expérimental où d'étranger, étranger hostile même, on devient voisin, ami et partenaire dans une lutte commune de résistance. Ainsi, la Caraïbe peut être définie comme le continuum d'un voyage dans l'espace et le conscient; à travers des étapes variées de passage de la terre d'origine à l'enclave insulaire; de l'enclave à l'enclave ou la poursuite fugitive et erratique de la fortune et du sens de leur expérience à l'intérieur de chaque enclave (migration d'une cachette rurale au chaos urbain).

Cela doit devenir, par nécessité ou par obligation, notre découverte du sens de cette séparation, la confrontation consciente avec la réalité de nos séparations collectives de la demeure originelle de l'esprit, l'absence d'un arrière-pays ancestral; la balkanisation d'un dialogue insulaire qui devait s'accorder aux orthodoxies des métropoles distinctes; la répugnance politique à transformer un ordre social élitiste en rencontre égalitaire de personne à personne, de territoire à territoire.

Une profonde connaissance de la nature Caribéenne de notre relation au monde, aux niveaux matériels et culturels de la négociation, rendrait chaque territoire plus authentiquement identifiable que ne le pourrait aucune expérience précédente. Les groupes les plus importants de descendants Africains et Indiens orientaux se sont engagés dans une lutte permanente contre la suppression culturelle. Chaque groupe a été invité à des périodes différentes et de façons différentes à effacer ou même mépriser son héritage spirituel, et chaque groupe à des périodes différentes a créé une force de résistance à cette exigence. L'exigence Indienne d'authenticité culturelle est un développement sain; non seulement pour les gens de descendance indienne, mais pour toutes les sociétés de la région puisque cela nous oblige à nous définir nous-mêmes, et non à le faire à travers le filtre d'un mode de procédure externe.

Il y a un fossé qui empêche maintenant l'élément Euro-Créole de s'intégrer, libre de toute angoisse raciale, dans la vie intellectuelle de la région. Mais si nous considérons les exemples de Cuba au dix-neuvième siècle (José Martí surtout) d'Evgenio Maria de Hostos et de Ramon Emeterio Betances à Porto Rico, de Fernando Ortiz et Alejo Carpentier et Luis Gonzales à notre époque; ou les romans, *Vaste Mer des Sargasses* de Jean Rhys, *La Maison des Orchidés* de Phyllis Alfrey, *Christophe* de Geoffrey Drayton, *Ma Soeur la Négresse* de Colà Debrot; la poésie de Saint-John Perse, lauréat du Prix Nobel; les monographies historiques de Karl Watson; nous avons plus qu'un aperçu des possibilités qui nous attendent ici.

A Barbade, nous avons parlé habituellement du monde Blanc comme d'une création monolithique homogène, ce qui n'est pas le cas. C'est un monde qui a gardé ses traits particuliers de stratification sociale qui sont brouillés par une fermeture défensive des rangs contre l'intrusion de la majorité Noire. Cette voix Blanche est encore largement silencieuse, à l'exception de ces occasions, maintenant très fréquentes, où elle discute de gestion financière. C'est une partie importante de l'inventaire des atouts culturels qui demeurent incomplets.

A mon avis, rien ne peut égaler, dans l'histoire de l'humanité, cette rencontre de l'Afrique, de l'Asie et de l'Europe au sein de l'archipel Américain appelé la Caraïbe. Mais il y a si peu de temps que nous assumons la responsabilité de notre propre destin, que le poids antagoniste du passé est ressenti comme une menace paralysante. Et la tâche la plus urgente et le défi intellectuel le plus grand, c'est de pouvoir contrôler le poids de cette histoire pour finalement l'incorporer dans notre conscience collective de l'avenir.

[1] (Conférence organisée par le Département d'Histoire de l'Université des West Indies et la Fondation Culturelle Nationale de Bardade.

[2] Michel de Montaigne, "Des Coches: Le Nouveau Monde," *Essais, Livre III* (Paris: Editions Bordas, 1985) Chapitre 6.

[3] Michel de Montaigne, "Des Cannibales: Rien de Barbare En Cette Nation," *Essais, Livre I* (Paris: Editions Bordas, 1985) Chapitre 31.

Choix d'Ouvrages Consultés

Carpentier, Alejo. CARIFESTA Address. Havana. 1976.

Conrad, Joseph. "Heart of Darkness." London: Everyman's Library, 1993.

de las Casas, Bartolomé. *Historia de las Indias, 3 vols*. Mexico City: Fondo de Cultura Economica, 1951.

de Montaigne, Michel. "Of Cannibals." Trans. Charles Cotton. *The Essays of Michel Eyquem de Montaigne*. Ed. W. Carew Hazlitt. London: Encyclopædia Britannica, 1982.

Du Bois, W. E. Burghardt. *Black Reconstruction in America, 1860-1880*. Cleveland: Meridian, 1962.

_____. *The Souls of Black Folk*. In *Three Negro Classics*. New York: Avon Books, 1965.

Esquemeling, John. *The Buccaneers and Marooners of America*. Ed. Howard Pyle. London: T. Fisher Unwin, 1892.

Fanon, Frantz. *The Wretched of The Earth*. New York: Grove Press, 1966.

Hobson, J. A. *Imperialism*. Ann Arbor: University of Michigan Press, 1965.

James, C. L. R. *The Black Jacobins: Toussaint L'Ouverture and the San Domingo Revolution*. New York: Vintage Books, 1963.

Kidd, Benjamin. *The Control of the Tropics*. London. 1898.

Kissinger, Henry. "Domestic Structure and Foreign Policy." *American Foreign Policy*. New York: Norton, 1974.

Marshall, Woodville. "Notes on Peasant Development in the West Indies Since 1938." *Social and Economic Studies* 17.3 (1978).

Martí, José. *Our America—Writings on Latin America and the Cuban Struggle for Independence*. Trans. Elinor Randall. Ed. Philip Foner. New York: Monthly Review Press, 1978.

Rodney, Walter. *A History of the Guyanese Working People, 1881-1905*. Baltimore: The Johns Hopkins University Press, 1981.

The Log of Christopher Columbus. Trans. Robert Fuson. Camden, Maine: International Marine Publishing, 1987.

Williams, Eric, ed. *Documents of West Indian History, 1492-1655*. (For citings by Michel de Montaigne, Juan Gines de Sepúlveda, Fr. Bartolomé de las Casas, and Lord Dalberg Acton.) Port-of-Spain: People's National Movement Publishing, 1963.

Zinn, Howard. *A People's History of the United States*. (For citings by Christopher Columbus, and US President William McKinley.) New York: Harper Perennial, 1990.

DEUXIÈME PARTIE

RETOUR, RETOUR, RETOUR AUX SOURCES[4]

Nous, dans la Caraïbe, nous sommes déjà intégrés. Seuls les Gouvernements l'ignorent.

GEORGE BECKFORD

L'âne travaille, et c'est le cheval qui est promu.

PROVERBE HAÏTIEN

ON DEVRAIT S'ATTENDRE à ce qu'un orateur dont la contribution à l'histoire culturelle de sa région a pris la forme du langage invite à considérer la signification de ce mode d'échange qui nous semble absolument normal dans toutes les activités de notre vie quotidienne. Tout le monde utilise des mots et en subit la dépendance dans toutes les formes de rapports sociaux. Je ne pense pas que vous auriez pensé que le débat sur l'intégration régionale nécessiterait de mettre particulièrement l'accent sur la fonction et le développement du langage. Pourtant, c'est précisément dans ce domaine du débat régional, dominé presque exclusivement par les économistes, les ministres de Gouvernement, et les technocrates des sciences sociales qu'il faut attirer l'attention sur la violence qui est faite au langage par ceux qui sont choisis pour être nos spécialistes de la communication sur ce qui touche au destin de notre région.

Je parle maintenant en romancier et en enseignant et je le fais sans la moindre rancoeur. La littérature des sciences sociales nous oblige souvent à faire la distinction entre l'esprit statistique et l'imagination créatrice. Le premier cherche partout des preuves mais il n'observe jamais directement les gens en train de vivre: ces hommes et ces femmes qui ne se conçoivent pas comme données statistiques.

L'imagination créatrice perçoit toujours que le langage n'est pas simplement un outil ou un instrument pour mesurer les statistiques des petites quantités.

Le langage est au coeur et à l'horizon de la conscience de chaque individu. C'est le processus qui nous permet de comprendre qu'il y a de la continuité dans l'expérience humaine; c'est la mémoire verbale qui reconstitue notre passé et le représente comme la seule possession spirituelle qui nous donne la possibilité de méditer sur ce que nous sommes et sur ce que nous pourrions devenir. Nous ne le recevons pas en héritage. Chaque enfant, dans toutes les cultures, doit en faire nécessairement l'apprentissage en vue de s'initier à la société. C'est peut-être la plus sacrée de toutes les créations humaines. Nous en abusons à nos risques. C'est à regret que nous disons que l'écriture d'un grand nombre de nos économistes et de la confrérie des savants des sciences sociales est presque suicidaire à cause de sa mauvaise utilisation.

J'insiste sur ce point parce que le débat sur l'intégration régionale a été mené par des hommes et des femmes qui, pour la plupart, ne connaissent pas ces vérités fondamentales. Mon premier exemple porte sur le mot "développement" qui est devenu le composant inséparable de toute prescription concernant notre survie et notre progrès. C'est peut-être le mot le plus dangereusement toxique de notre vocabulaire. Il encourage une grande variété de déformations sur la signification de la personnalité humaine et sur la base matérielle qui permettrait une prise de conscience critique et réfléchie qui est, finalement, la raison d'être de l'existence humaine.

Le mot "développement" est lié à l'hypothèse qu'il existe une distance hiérarchique entre ce qu'on appelle les sociétés primitives et les différentes étapes qui jalonnent leur marche vers le progrès matériel, un état qui est l'émule du confort et du bien-être douteux des sociétés industrielles modernes. Toutefois, le contenu humain de ces sociétés et la dynamique des relations sociales à l'intérieur de chacune d'entre elles, échappent souvent à l'attention des spécialistes. C'est parfois un vocabulaire qui défie toute réalité.

Prenez la notion de revenu par tête d'habitant. Dire à un homme du centre-ville de Kingston, en Jamaïque, au chômage pendant cinq ans, qu'il représente un revenu annuel de cinq mille dollars, c'est courir le risque de perdre votre propre tête. S'attendre à ce qu'il écoute et soit calme, c'est trop demander à sa patience d'homme. Et pourtant, c'est le langage normal de ceux qui nous conseillent sur la manière de traiter les problèmes des défavorisés. C'est un langage qui non seulement insulte les pauvres, mais encourage aussi un espoir illusoire chez ceux qui ont décidé qu'ils ne seront plus jamais pauvres.

Les dirigeants politiques ainsi que leurs adversaires de l'opposition, sont particulièrement convaincus que l'intelligence des gens simples peut être anesthésiée par des offres ou des promesses extravagantes pour élever, de façon illimitée, notre niveau de vie. Je fus choqué par l'allocution publique d'un ministre du gouvernement de Trinidad dans les années 1970 qui disait: "En 1956 vous aviez quarante à cinquante automobiles. Aujourd'hui vous en avez plus de 220,000. Tôt ou tard, nous produirons une démocratie de l'automobile."

Cette expression "niveau de vie" a stimulé l'appétit d'une nouvelle classe professionnelle et commerciale dont l'ambition d'entrepreneur lui fait voir la richesse comme le seul pays qu'elle reconnaît et qu'elle tient à servir. Et l'adhésion totale à "la stratégie de privatisation" comme force motrice du développement menace maintenant de convertir toute la société Caribéenne en une station-service.

Pas bien longtemps, une énorme étendue de terre forestière en Guyana (1.3 million d'acres) fut utilisée de façon très arbitraire. J'ouvris un journal de Londres au début de 1992 et je lus qu'un ancien ministre du gouvernement Conservateur Britannique l'avait acheté pour neuf millions de livres: six mois plus tard, il le vendait pour soixante millions de livres. Je ne pense pas qu'il l'ait jamais vue. A Ste Lucie, le symbole géologique sacré des Pitons est réduit simplement à un autre produit commercial du marché immobilier. Et à Barbade, une ferme de canne à sucre avec collines et champs, autrefois prospère, est sur le point d'être convertie en un terrain de loisirs pour les visiteurs amateurs de golf.

"Le tourisme, c'est votre affaire" est un message articulé par des hommes et des femmes qui ne savent pas ce qu'ils disent parce-que leur rapport au langage est dépourvu de créativité; l'industrie touristique répètera la leçon de notre première expérience coloniale quand le sucre était la base matérielle de notre survie et la source de notre plus profonde humiliation. Entre-temps, le cheval ministériel augmente à grandes enjambées la distance qui le sépare de l'âne plus bas, à chaque décennie qui s'écoule.

C'est la double nature du langage, à savoir que tout en donnant aux mots une définition rigoureuse quant au sens, il favorise aussi la plus grande flexibilité quant à l'usage. Il révèle les possibilités de sens. Il invente le sens.

Ainsi j'utiliserai cette liberté de langage et vous demanderai d'envisager un concept de Nation qui ne se définit pas par des limites territoriales spécifiques et dont les peuples, éparpillés sur une variété de latitudes au sein de l'archipel et au-delà, vouent fidélité aux lois de "l'état-nation" depuis leur localité particulière sans rupture de la contiguïté culturelle à leur monde d'enfance originel. Ils ont créé le phénomène d'une famille transnationale: A Barbade, un enterrement ne peut se dérouler dans la semaine qui suit le décès puisque le cortège serait incomplet tant que les parents n'arrivent de la Jamaïque, de Trinidad, de Guyana, de Toronto, de Birmingham, de Brooklyn. C'est une façon de mettre en valeur la continuité culturelle qui peut produire des résultats macabres; comme l'histoire qui me fut racontée par le feu et très grand peintre, Aubrey Williams de Guyana, qui a été témoin d'un très turbulent drame de famille lorsque le survivant le plus âgé, retenu parce-qu'il avait plusieurs correspondances à faire en avion, est arrivé deux jours après l'enterrement; et insista que le cercueil fût déterré et que le rituel des funérailles aient lieu à nouveau.

Mais ce n'est pas seulement quand il y a un décès que la famille transnationale reprend vie. Elle a été traditionnellement un facteur puissant de stabilité économique dans un grand nombre de familles Caribéennes au-delà de chaque langue de notre région. C'est un aspect de ce que veut dire notre camarade bien-aimé, George Beckford, quand il dit:

> Nous, dans la Caraïbe, nous sommes déjà intégrés. Seuls les Gouvernements l'ignorent.

Deux facteurs viennent à l'appui de ce point de vue: tout d'abord, les conséquences politiques et culturelles de la relation sexuelle; puis l'obligation économique d'émigrer. Ce processus d'intégration au sein d'une nation de nations est à l'oeuvre depuis plus d'une centaine d'années.

Du milieu du dix-neuvième siècle à la seconde décennie du vingtième siècle, Barbade a fourni plus de cinquante mille travailleurs à Guyana et à Trinidad. La population de Trinidad et Tobago a doublé en quarante ans entre 1844 et 1881, à la suite de ce mouvement de nos populations de St.Vincent, Grenade, et aussi loin que St. Martin au nord-est. Il ne nous est pas possible de connaître les chiffres exacts, puisqu'un grand nombre de ces frères et soeurs, à cette époque et maintenant, sont réduits à la catégorie de "clandestins," ce qui devrait être interprété ici comme si la légitimité de leur choix de destination est en suspens.

Quand je suis arrivé à Trinidad pour la première fois en 1946, et que j'ai établi mon domicile à Belmont, je me suis rendu compte que dans chaque famille que je rencontrais, les seuls Trinidadiens de naissance étaient les enfants. Les mères, pères, tantes, oncles étaient issus d'un autre pays d'origine. Les noms Brathwaite, Ifill, Richardson portent une marque spéciale pour le service qu'ils devaient rendre à cette région. Je le fais sans malice quand je dis, en guise d'un sentiment irremplaçable, que Belmont symbolisait pour moi le coin qui produisait le plus de talents nationaux dans tout Trinidad. C'était hier. Il est très possible que le berceau du génie national se soit déplacé ailleurs. Si l'accession à la plus haute fonction dans le pays (Premier Ministre) est, comme cela devrait l'être, une démonstration de pouvoir intellectuel et créatif, alors il semblerait qu'on puisse confirmer un certain changement.

Ce processus d'hybridation et de réciprocité culturelle n'est pas limité à une seule zone de langage. Au cours des deux premières décennies de ce siècle, plus de cent vingt mille Haïtiens et Jamaïcains devinrent une force de main-d'oeuvre permanente dans la République de Cuba. Une promenade matinale autour du centre de Santiago de Cuba est à peine différente du centre de Port-of-Spain quand on compare les teints cosmopolites.

Je reconnais que la migration n'est pas en elle-même le moyen ou l'argument adéquat pour réaliser l'objectif qu'est l'intégration régionale, que nous définissons comme étant le rapprochement des parties en un tout. Mais le point que je veux faire—et qui a été, en grande partie, négligé par ceux qui s'intéressent exclusivement aux statistiques du mouvement de la main-d'oeuvre, ou aux difficultés d'ordre légal auxquelles doivent faire face ceux qui se déplacent—est lié à la solidarité culturelle qui sous-tend et soutient la poursuite fugitive de meilleures fortunes.

Je suis parfaitement conscient du conflit d'intérêt qui existe entre ce qu'on appelle le pays d'accueil et ceux qui réclament une place dans leur nouveau pays. Mais je veux attirer l'attention des dirigeants politiques et de leurs conseillers sur le fait que nous sommes profondément convaincus que ces conflits sont souvent le résultat de leurs propres politiques opportunistes ou de leur répugnance délibérée à clarifier pour les électorats respectifs, leurs principes et pratiques fondamentaux quant au mouvement de notre peuple pour qui le Service de l'Immigration et des Douanes constitue un risque encore plus grand que de traverser les fleuves, la nuit, dans la plus frêle embarcation.

Le grand penseur Cubain, José Martí, a observé et défini avec une précision simple ce type politique:

> Le villageois pense naïvement que le monde est contenu dans son village et il pense que l'ordre universel est bon s'il peut être maire, humilier le rival qui lui a volé sa bien-aimée, ou augmenter les économies qu'il met dans sa chaussette—ignorant complètement les géants chaussés de leurs bottes de sept lieues qui peuvent l'écraser ou le conflit dans les cieux entre les comètes qui sillonnent l'espace et engloutissent les mondes sur leur passage.

Le village du dix-neuvième siècle de Martí est maintenant devenu une entité moderne très sophistiquée, dominée largement—quoique pas entièrement—par une vraie mentalité de village.

Vingt ans après Chaguaramas—et presqu'un demi-diècle depuis la conférence de Montego Bay—le débat sur l'intégration régionale s'est limité presque exclusivement à ce scénario étroit de dirigeants politiques et de quelques-uns des technocrates les plus diligents et les plus ingénieux de notre époque.

Leur échec est souvent expliqué par le fait qu'on dit qu' "ils manquent de volonté politique." Je pense que c'est une erreur. Car, en fait, ils ont beaucoup de volonté, mais celle-ci est concentrée dans la psychologie du type politique décrit par Martí: le Chef du Village qui rivalise maintenant avec la splendeur d'une vedette de Hollywood et est décidé à jouer le rôle de vedette jusqu'à la disparition du Village. Et ces villages disparaîtront, à coup sûr, à moins que n'explose et ne soit démystifiée cette fantaisie d'être vedette.

Pendant que l'âne travaille, le cheval est promu.

Nos chevaux, ce sont des hommes de forte volonté qui, de leur plein gré, ne mettront pas fin à leur appétit grandissant de promotion.

Onze ou douze états souverains—certains avec une population pas assez grande pour remplir un grand stade de football—font étalage de onze et douze ambassades dans les citadelles les plus coûteuses du monde moderne. Quelle est la raison de cette folie, de cette absurdité qui nous expose au ridicule quotidien des nations à qui nous demandons l'aumône?

Pour considérer à nouveau le processus de l'intégration régionale, cela nécessite une sorte d'attitude nouvelle et radicale qui se concentre sur la pensée et les pratiques de la majorité exclue. J'indiquerai un secteur qui vit maintenant l'un des drames les plus remarquables de notre temps. Je fais allusion aux colporteuses de cette région. Elles génèrent un volume de circulation au sein de la Caraïbe orientale et à Guyana, ainsi qu'à travers les mers de la Jamaïque en Haïti, à Porto Rico, à Curaçao et à Panama. Ce commerce échappe au contrôle de toute Banque Centrale. Je me rappelle que lorsque je quittais l'Aéroport International Norman Manley un après-midi, je fus accosté par une femme qui me demanda si je voulais échanger de l'argent. Quand je lui ai demandé quelle devise elle avait, elle me répondit: "Ce que tu veux. Franc, peso, livre ou n'importe quel dollar."

Elles forment ce qu'on appelle le secteur informel, quoique leur raison est liée à la plus sacrée des formalités humaines. Ce sont souvent les gardiennes et les protectrices de leur maisonnée. Elles ne prennent pas le bateau ou l'avion en quête de grosse fortune ou pour en tirer le maximum de bénéfice. Leur but est de préserver la famille. Cette histoire, consignée par écrit, d'une fille guyanaise se fait l'écho de milliers de voix qui disent la même chose:

COLPORTEUSE: Voici comment ça se passait.... Parfois le bateau était de l'autre côté loin et tu devais attendre qu'il retraverse le fleuve. Parfois quand il finissait par arriver, les douaniers sortaient de nulle part, et tu ne peux pas monter dans le bateau parce-que dès que tu touches le bateau, ils te l'arrachent. Si tu arrives à monter dans le bateau avec tes marchandises, tu dois les cacher encore parce que parfois ils montent dans le bateau, en plein milieu du fleuve. Quand tu arrives à Rosignol c'est courir que tu dois courir avec ton sac pour attraper le minibus pour aller en ville, puis un autre pour aller à Linden. De quel poids je parle? A peu près 125 à 150 livres dans deux sacs. A l'époque je pesais 120. Je faisais cà deux, trois fois par semaine, cela dépendait de si j'entendais que la police était sur la route ou non. Quand d'autres colporteuses descendaient tu les demandais comment était la route? Et elles te répondaient: 'Eh bien la route est bonne. Pas de police du tout....' J'ai commencé à colporter parce que la vie était dure pour moi. J'ai deux enfants que je dois nourrir toute seule. Puis j'avais ma mère, moi-même et un monsieur, tous les cinq je les nourrissais. Je faisais du 'cook-up,' du poisson frit, des oeufs durs et du 'float' et je les vendais le Samedi. Mais ce n'était pas assez pour cinq personnes, alors j'ai commencé à colporter.

C'est cette classe qui a retenu l'attention totale de Beckford, et il a enraciné ses prodigieuses compétences intellectuelles dans l'observation qu'il a faite d'elles, car il considérait qu'elles étaient la base de la nation Jamaïcaine rompant ainsi avec les orthodoxies de sa discipline. Il a dit une fois:

> Quiconque doute des capacités de gestion des Jamaïcains doit seulement se demander si, en ces temps très difficiles, les pauvres gens sont capables de trouver de la nourriture pour les enfants, et des chaussures et de l'argent pour le bus pour les envoyer à l'école—à coup sûr, c'est un miracle de gestion domestique.

Mais le spécialiste technocrate moyen ne voit pas vraiment ces femmes. Son programme technique ne les enregistre pas comme une force politique critique parce qu'il est le produit d'une nouvelle formation intellectuelle: le technocrate qui pense que la gestion efficace d'une société moderne est essentiellement une opération technique. Si on peut identifier les technologies appropriées et recruter un certain type de personnel, avec les experts en gestion, qui conviennent, alors l'organisation efficace d'une démocratie moderne peut contourner le processus politique. Cela n'a pas d'importance, quels que soient les jeux électoraux joués ou quel que soit le gagnant, puisque les décisions correctes seront finalement prises et exécutées par ceux dont l'expertise technique est indispensable à ce processus. La politique et l'idéologie sont perçues comme un passe-temps archaïque. Cette maladie dont ils souffrent peut s'appeler technophilie, et je ne connais pas encore de guérison.

Ce corps d'élite est la reprise d'un des deux grands fléaux que l'histoire a infligés à cette région, la Classe et la Race. Un tel technocrate fonctionne comme le mercenaire intellectuel d'un système dont les institutions ont une longue et terrible histoire de prédominance masculine. Mon opinion, par conséquent, c'est que l'avant-garde la plus efficace pour réaliser le vrai potentiel de l'intégration régionale sera constituée par celles qui ont été les plus blessées par cette prédominance: les femmes.

A cet égard, nous pouvons dire que toutes les femmes, quelle que soit leur origine sociale, sont un exemple, peut-être l'exemple le plus extrême d'une classe dominée. Les théoriciens sociaux de la Gauche ont des difficultés avec cette formulation. Mais combien abondante est la preuve historique et personnelle que tous les hommes, quelle que soit leur condition économique et raciale, ont une croyance commune quant au rôle subalterne que les femmes ont joué dans leur vie. Le travailleur Noir et le cadre masculin Blanc partagent des liens profonds d'allégeance et de solidarité sur cette question de la relation de la femme avec l'homme, que l'union soit maritale, extra-maritale ou ultra-maritale.

Ce traitement de la femme comme présence invisible—c'est-à-dire, rendue absente quand elle est très présente—constitue un élément permanent dans le retard politique et intellectuel de nos institutions. La présence féminine dans les fonctions politiques ou à la direction du Parti et du Mouvement Syndicaliste est non seulement rare, mais elle découle souvent d'un patronage masculin et non de l'exercice du pouvoir qu'elle aurait acquis d'elle-même.

La rééducation des femmes par les femmes devrait se concentrer essentiellement sur le démantèlement de cette prédominance rencontrée dans toutes nos institutions. Et, alors que ce ne peut être exclusivement une affaire de femmes, le fardeau écrasant de responsabilité pour la réalisation d'une telle action incombera pendant longtemps aux femmes. Mais dans les rangs de ce qu'on appelle le Mouvement des Femmes (pensant à la voix de la marchande ambulante) il existe un grave conflit qui provient de ce qu'est, en fait, la notion de classe dans la société Caribéenne et de la façon dont elle fonctionne.

Le Mouvement des Femmes, tel que je l'observe dans toute la Caraïbe aujourd'hui, est dominé par une race de femmes professionnelles de la classe moyenne qui sont, en fait les employeurs de la main-d'oeuvre féminine domestique. Ce n'est pas en soi une hérésie. Pourtant, la distance sociale qu'implique et que confirme dans la pratique une telle relation exerce une importante contrainte sur l'impulsion politique que pourrait insuffler un tel Mouvement; et c'est la raison pour laquelle le Mouvement des Femmes—ou des éléments de ce Mouvement—peut se faire si facilement co-opté par toutes les structures existantes et les dirigeants politiques de la région. Un mouvement féministe sérieux, libéré de toute inhibition de classe, serait à l'origine d'un conflit créateur entre ses doléances et les intérêts préservateurs de toute administration politique dans cette région.

C'est une crise que les femmes pourraient résoudre parce que nous savons qu'en dehors et au delà des fonctions d'épouse et de servante, l'épouse connaît la même humiliation que subit la servante de la part de leurs hommes respectifs. La question est de savoir comment elles peuvent créer un environnement où elles engageront—sur le même pied d'égalité—un dialogue libre et ouvert non pas au sujet de leurs hommes respectifs mais au sujet du démantèlement de cette prédominance qui caractérise toutes nos institutions, et quelle vision elles peuvent offrir d'une autre société et de la marche correspondante vers l'intégration régionale. Car il doit être clair pour les plus alertes d'entre elles que la nature dysfonctionnelle des relations homme/femme ne peut être prise au piège dans une croisade sur le genre, puisque la libération des femmes n'est pas possible sans la libération de la société totale. C'est dans la lutte de la femme Caribéenne pour sa libération que la complexité des antagonismes de race et d'ethnie est plus susceptible de s'effondrer.

La Race est l'héritage persistant de l'Amiral des Océans. Nulle personne née et nourrie sur cette terre n'a échappé à ses cicatrices, et quoique la Caraïbe contemporaine ne puisse pas être, à proprement parler, qualifiée de société raciste, tout le monde—quelle que soit leur origine ancestrale—est doté d'une conscience raciale aiguë. Dans *l'Express* "Supplément du Jour d'Arrivée des Indiens" du 31 Mai 1992, Sita Bridgemohan fait cette déclaration très poignante de ses droits au paysage Trinidadien:

> Mes ancêtres sont venus d'Inde pour travailler dans les champs de canne à sucre. Ils étaient Hindous. A force de sueur, de larmes, de dur labeur et de courage, ils ont créé une vie sur une terre différente, une terre où je suis née. Par le droit de naissance, j'ai une place sur cette terre et je ne dois pas avoir à me battre pour l'occuper.

Si la main-d'oeuvre Africaine et les dimensions culturelles de cette main-d'oeuvre constituent le premier étage sur lequel est construite cette maison Caribéenne, le second étage et le pilier central dont dépend sa survie, c'est la présence Indo-Caribéenne. Ce discours qui a reçu l'attribution de la Race est l'un des défis les plus critiques auxquels nous devons faire face.

L'accusation de marginalisation, portée par un grand nombre de descendants d'Indiens engagés, a pour fondement leur expérience existentielle. Ce fut ma première impression à mon arrivée à Trinidad il y a une quarantaine d'années. On cherchait, en vain, cette présence dans les principales institutions qui servaient de liens à la vie quotidienne du pays; et leur présence était souvent un objet de moquerie à l'égard de ceux qui, en petit nombre, avaient acquis l'accès aux écoles les plus prestigieuses de l'île. Cela a ouvert une blessure incurable chez l'un de leurs écrivains aînés.

La preuve la plus authentique de cet exercice de marginalisation se rencontre dans les calypsos entre 1946 et les années 1960:

> Qu'est-ce qu'ils ont ces Indiens
> On dirait qu'ils cherchent des histoires
> Avant on rencontrait un garçon Indien au bord de la route
> En train d'attendre avec son capra ton chargement
> Mais je remarque qu'il n'y a plus d'Indiens

> Depuis qu'eux et leurs femmes prennent des noms créoles.
> Avant c'était Sumintra, Ramaliwia
> Bullbasia et Oosankalia
> Mais maintenant c'est Emily, Jean et Dinah
> Et Doris et Dorothy....

Ou le calypso "Ramjohn" de Mighty Skipper:

> Ramjohn prend des cours tous les jours
> Dans une école secondaire de Laventille
> La leçon du premier jour, c'était une dictée
> Et un peu de ponctuation
> Après la classe il rentre chez lui, tout affamé
> Sa femme n'a pas fait à manger, Ramjohn se mit à babiller
> Toute la journée tu es assise sur ta grosse virgule
> Et tu n'as rien fait à manger
> Mais je vais mettre ce tiret dans ton point-virgule
> Et te foutre un point final....

Une quarantaine d'années plus tard, malgré la rapidité de leur mobilité sociale, ce grief continue de hanter la conscience de leur intelligentsia. Il est articulé avec une remarquable candeur par Arnold Itwaru, de sa forteresse d'exilé dans l'Ontario.

> Beaucoup, pour ne pas dire la plupart d'entre nous, sont hypnotisés par la prétendue prospérité qu'apporte le capitalisme, oubliant remarquablement, ou après réflexion prétendant d'ignorer que c'est ce système qui a limité, démuni et avili et détruit tant de nos ancêtres, ce système qui aujourd'hui nous met en gage dans son courtage de pouvoir.

Je participerais à cette insulte si je trouvais nécessaire de confirmer la richesse énorme des dons intellectuels et spirituels que les fils et filles des travailleurs indiens ont donné à ce paysage Caribéen. Les relations du peuple Caribéen d'origine Africaine et Indienne ont été vécues dans un système qui avait la culture de subjugation comme trait persistant: l'héritage suprême de l'Amiral des Océans. L'attribution de la race et de la différence raciale a été utilisée avec efficacité au cours de la période coloniale, et avec une encore plus grande insistance après l'Indépendance.

La perception de l'Indien comme l'étranger et l'autre, un problème qu'il fallait contenir après le départ du pouvoir Impérial, a occupé une grande partie de la pensée et du sentiment du peuple Caribéen d'origine Africaine et a constitué une conviction particulièrement tenace chez les classes moyennes Noires des "plantations" à Trinidad et en Guyana.

Le pouvoir Indien en politique ou dans le commerce a été considéré comme un exemple de stratégie Indienne de conquête; cette accusation persiste, même si dans l'arithmétique à la mode de la démocratie, leur supériorité numérique dans une union de Trinidad et de Guyana a pu justifier une telle ambition. Cela représente une énorme distorsion quand on parle des Indiens comme d'un monde monolithique, identifiant les intérêts des pauvres travailleurs agricoles de l'industrie sucrière qui luttent pour survivre avec la richesse triomphante du riche exploitant de riz ou l'accumulation fiévreuse d'argent chez les clans de professionnels et d'entrepreneurs à Port-of-Spain, San Fernando, Georgetown, ou récemment chez les commerçants Indiens à Philipsburg, St. Martin.

Il est très important de se rappeler et d'inscrire dans la conscience de cette région cette histoire commune d'exploitation subie par les Africains et les Indiens dans notre archipel et leur engagement commun de résistance qui a été l'histoire de chaque groupe.

Aujourd'hui, nous sommes témoins d'un grave conflit et d'une rivalité acerbe pour la distribution du pouvoir et du butin chez ceux qui, à mon avis, constituent deux factions de la même classe: le petit bourgeois Africain et Indien. Chacun a besoin de la force motrice de l'Africain ou de l'Indien au niveau de la masse pour faciliter leur ambition, mais on est en droit de se demander si les liens qui unissent les chevaux en pleine course vers la promotion permanente et les ânes qui travaillent plus bas sont vraiment des liens organiques. Un seul aspect de leur relation est tout à fait clair.

Aucune des deux factions n'a réalisé et maintenu la prédominance sans la permission de l'autre, et les deux couraient un grand risque s'il se formait un consensus de soulèvement chez ceux qui se trouvaient plus bas. La négociation sans ordre du jour caché est l'unique option rationnelle de survie pour chaque faction.

***

Un symposium qui tente d'examiner dans son ensemble notre culture politique régionale ne peut passer sous silence le triomphe et la misère de deux pays qui nous ont endettés à tout jamais: Haïti et Cuba.

Ceux d'entre vous qui ont eu la chance d'étudier ce travail magistral, *Courants Principaux dans la Pensée Caribéenne* de Gordon Lewis, reconnaîtront qu'Haïti et Cuba furent les pionniers dans le débat sur la libération et la souveraineté dans la Caraïbe. Le premier coup porté à la Plantation et le plus décisif, celui qui a détruit son hégémonie, fut le triomphe de la Guerre d'Indépendance Haïtienne. Comme nous l'a dit C. L. R. James:

> La révolte est la seule révolte d'esclaves réussie de l'histoire, et les difficultés qu'ils devaient surmonter témoignent de la magnitude des intérêts en jeu. La transformation des esclaves, tremblant par centaines devant un seul homme blanc, en un peuple capable de s'organiser et de vaincre les plus puissantes nations Européennes de l'époque, est l'une des plus grandes épopées de la lutte et de l'esprit révolutionnaire.

En 1804, il n'y avait ni bloc socialiste, ni Mouvement des Pays Non-Alignés, ni Organisation pour l'Unité Africaine. Les Haïtiens résistaient seuls, en maîtres et seigneurs de leur terre, en maîtres, oui, mais tout seuls contre l'orgueil rapace et blessé de l'Europe et de l'Euro-Amérique, qui avaient institutionnalisé l'esclavage pour en faire la relation normale entre les hommes et les femmes Noirs et l'autorité Blanche. Aucune nation de l'époque n'a conspiré pour la renverser. Les conditions de cette reconnaissance, imposées par les Français à la somme de cent cinquante millions de francs était encore payée plus d'un siècle après la victoire Haïtienne et continue de l'être aujourd'hui.

Cependant, une évaluation statistique et tout à fait superficielle d'Haïti continue de classer ce pays, tout simplement, comme le pays le plus pauvre de l'hémisphère sans aucune référence à l'incalculable ressource spirituelle, au réservoir miraculeux de résistance qui pouvait produire Jean-Bertrand Aristide, presque deux cents ans après la mort de Jean-Jacques Dessalines. Il est curieusement ironique que le plus pauvre de tous les territoires Caribéens soit aussi le plus riche et le plus solide dans son sens collectif d'identité. Il n'y a aucun territoire Caribéen où ce sens collectif est plus fort et plus authentique. Et le complot contre le triomphe démocratique du paysan Haïtien est encore une fois démontré dans la collusion visant à séparer Aristide de cet électorat débordant qui le réclame comme son leader.

Nous avons été, dans une large mesure, silencieux au cours de cette longue angoisse que le peuple Haïtien a enduré au nom de notre propre fuite de la servitude. Haïti a racheté les hommes et les femmes Noirs partout, y compris l'Afrique. Mais si la Plantation a subi une perte mortelle en Haïti, elle a trouvé le moyen de survivre à l'émancipation et d'imposer son héritage à travers la Caraïbe Francophone, Anglophone et Hollandaise; et la fiction de souveraineté dans la zone Hispanique—jusqu'au triomphe de la Révolution Cubaine en 1959.

L'esprit de Toussaint-Louverture et Dessalines s'est réincarné dans Castro (comme il s'était réincarné au siècle précédent dans Maceo et Gomez) quand un petit groupe insignifiant d'hommes et de femmes ont pris d'assaut les casernes à Moncada et ont abouti au même résultat que le triomphe Haïtien. Depuis trente ans, Cuba est condamné à un état de guerre, isolé de ses voisins non seulement par la mise en interdit criminelle de son commerce, mais aussi par la mise en interdit inique de l'information sur les réalisations sociales prodigieuses de la Révolution Cubaine, surtout dans le domaine de la santé et de l'éducation. Ils ont essayé de poser les bases d'une certaine cordialité avec leurs voisins, et ils n'étaient pas autorisés à exprimer cette cordialité.

Dites Cuba et tout le monde entend la voix de Washington qui crie: "Communiste" mais jamais la voix éloquente et grâcieuse de Martí, le père spirituel de la Révolution Cubaine. En Martí, nous avons un exemple de la fonction suprême de la frontière externe de la Caraïbe. Martí est né à la Havane en 1853. A l'âge de seize ans, il a été arrêté par les autorités coloniales Espagnoles sous l'inculpation d'une conduite subversive et, après le procès, il fut emprisonné pendant six mois avant d'être déporté en Espagne en 1871. A l'exception de deux brèves visites dans sa terre natale, il ne devait jamais revoir Cuba jusqu'à ce qu'il y retourne à la tête d'une expédition pour mener la seconde Guerre d'Indépendance. Il fut tué en pleine action, un mois plus tard, en Mai 1895.

Mais ce fut au cours de cette période, que nous appelons l'exil (quelques vingt-quatre ans, dont la plus grande partie fut passée aux États-Unis) qu'il démontra l'importance singulière de la frontière externe de la Caraïbe. Il donna des conférences; il enseigna, il servit de représentant à diverses républiques d'Amérique du Sud; il organisa des groupes, et par-dessus tout, il écrivit, produisant une masse d'ouvrages qui regroupent une vingtaine de volumes de la collection de ses oeuvres. Poète, philosophe, dramaturge et journaliste méticuleux. Sa voix devint une partie essentielle de la conscience patriotique Cubaine. Ses avertissements sont aussi valables aujourd'hui qu'ils ne l'étaient quand il a écrit à la fin du dix-neuvième siècle.

"C'est vital," a-t-il dit alors, "de dire la vérité sur les États-Unis. Nous ne devrions pas exagérer leurs défauts, par désir de leur nier toute vertu, et ces défauts ne devraient pas être cachés ni proclamés comme s'il s'agissait de vertus." Et, parmi leurs défauts, il indiqua un trait caractéristique de comportement qui n'a pas été abandonné. Dans son compte-rendu du Congrès Monétaire des Républiques Américaines en 1889, il décrit la conduite de la délégation des États-Unis en ces termes:

> Ils croient dans le besoin, dans le droit barbare comme s'il s'agissait du seul droit; 'Tout ce que nous voulons nous l'aurons parce-que nous en avons besoin'.

Presqu'une centaine d'années plus tard, et après l'invasion de Grenade par six mille soldats Américains, le Ministre des Affaires Etrangères des États-Unis, George Shultz débarqua, et sa première remarque fut simple et complète. Il dit, "Voici un ravissant morceau de propriété immobilière."

Martí était peut-être le plus pénétrant de nos commentateurs sur l'évolution des États-Unis, à partir de son expérience en tant que démocratie égalitaire Blanche à cette phase de transformation vers la fin du dix-neuvième siècle lorsque la richesse commença sa concentration dans une aristocratie d'industriels et de barons de la finance. En dépit d'une absence de vingt-quatre ans, la voix de Martí donna à chaque patriote Cubain une vision de Cuba qui lui permettait de revendiquer Cuba comme sa patrie. Ce n'est pas par hasard que ses biographes ont tendance à comparer sa relation avec Cuba à celle de Lincoln avec les États-Unis, ou de Bolivar avec Vénézuela, ou de Gandhi avec l'Inde.

Lors du procès historique de Castro, après l'échec du raid à Moncada, Castro, avocat de profession, appuya sa défense sur les conseils spirituels de Martí. "Nous sommes fiers de l'histoire de notre pays," a-t-il dit aux juges, "nous l'avons apprise à l'école. Cespedes, Maceo, Gomez et Martí furent les premiers noms gravés dans notre mémoire. On nous a enseigné que pour guider les citoyens libres de Cuba, l'Apôtre Martí a écrit: 'Dans le monde il doit exister un certain degré d'honneur comme il doit exister un certain degré de lumière. Lorsqu'il y a beaucoup d'hommes sans honneur, il y a toujours d'autres qui portent en eux l'honneur de beaucoup d'hommes....' J'arrive à la fin de ma plaidoirie, mais je ne la terminerai pas comme le font habituellement les avocats, demandant que l'accusé soit acquitté. Je ne peux demander la liberté pour moi-même. Je sais que l'emprisonnement sera plus dur pour moi. Mais je ne crains pas la prison. Condamnez-moi. L'histoire m'absoudra."

J'éprouve quelque peine à penser qu'une génération de diplômés de l'Université des West Indies, y compris le Département d'Histoire, aurait quitté cette institution en ne sachant peu ou rien de Martí, peut-être le penseur le plus créatif qu'ait produit notre région. Notre université entretient des échanges avec une variété d'institutions universitaires Américaines, mais il n'y a aucune trace d'échange intellectuel continu entre l'Université des West Indies et l'Université de la Havane, entrepôt formidable d'historiographie Caribéenne. Comment expliquer ce malaise chez nos érudits? Attendent-ils que Fidel tombe et que ce soit Washington qui approuve, ce qui devrait être normalement leur affaire d'hommes honorables?

Haïti et Cuba. Toussaint/Dessalines et Fidel symbolisent un processus régional de lutte et de libération de l'esprit qui doit être une partie essentielle de notre cheminement vers la réalisation de l'intégration régionale. Les deux révolutions prirent racine dans une assise culturelle et elles nous rappellent que nous devons reconnaître et cultiver ce lien intrinsèque entre l'activité culturelle en tant que miroir et interprétation de l'esprit national/régional et nos aspirations politiques pour une nouvelle sorte de souveraineté.

Je conclus en offrant mes remerciements pour ce processus—toujours à l'oeuvre avec le grand poète, Doyen des Lettres Haïtiennes, Félix Morisseau-Leroy:

> Merci, Dessalines
> Papa Dessalines, merci
> Chaque fois que je pense à qui tu es
> Je dis merci, Dessalines
> Chaque fois que j'entends un homme noir
> Qui est toujours sous la domination de l'homme blanc
> Un homme noir qui n'est pas libre de parler
> Je dis: Dessalines merci
> C'est moi seul qui sait ce que tu représentes pour moi
> Merci, Papa Dessalines
> Si je suis un homme
> Je dois dire: Merci Dessalines
> Si j'ouvre les yeux pour voir
> C'est grâce à toi, Dessalines
> Si je lève la tête pour marcher
> C'est grâce à toi, Dessalines
>
> Moi seul sais ce que tu représentes pour moi
> Dessalines, mon taureau
> Dessalines, mon sang
> Dessalines, mes deux yeux
> Dessalines, mes entrailles
> Tu es celui qui nous a montré le chemin
> Merci, Dessalines
> Tu es notre guide
> Dessalines
> Tu nous as donné la terre sur laquelle nous marchons
> Le ciel au-dessus de nous
> Les arbres, les rivières
> La mer, le lac, c'est toi
> Dessalines, tu nous as donné le soleil
> Tu nous as donné la lune
> Tu nous as donné nos soeurs, nos frères
> Nos mères, nos pères, nos enfants
> Tu nous as fait quelque peu différents....

> Si je regarde tout le monde dans les yeux
> C'est toi qui les regarde, Dessalines
> Tu nous as donné l'eau que nous buvons
> Tu nous as donné la nourriture que nous mangeons
> Merci, Papa Dessalines
> Tu nous as donné la terre que nous cultivons
> Tu nous as appris à chanter
> Tu nous as appris à dire: Non
> Dessalines, s'il te plaît, apprends à tous les Noirs
> A tous les Noirs de la terre à dire: Non
> Merci, Papa Dessalines.

[4](Discours d'ouverture de CARIFESTA V, Séries des Symposiums, Trinidad, Août 1992)

Choix d'Ouvrages Consultés

Beckford, George. *Persistent Poverty: Underdevelopment in Plantation Economies of the Third World*. London: Oxford University Press, 1972.

Bridgemohan, Sita. "Indian Arrival Day Supplement." *Express* (Trinidad) 31 May 1992.

Castro, Fidel. "History Will Absolve Me." Address to Court. Cuba. 16 Oct. 1953.

Itwaru, Arnold. "Exile and Commemoration." *Indenture and Exile: The Indo-Caribbean Experience*. Ed. Frank Birbalsingh. Toronto: Tsar Publishers, 1989.

Lewis, Gordon K. *Main Currents in Caribbean Thought*. Baltimore: The Johns Hopkins University Press, 1983.

Martí, José. *Our America—Writings on Latin America and the Cuban Struggle for Independence*. Trans. Elinor Randall. Ed. Philip Foner. New York: Monthly Review Press, 1978.

Morisseau-Leroy, Félix. "Thank You, Dessalines." *Haitiad and Oddities*. Miami: Pantaleon Guilbaud, 1991.

BIBLIOGRAPHY (PARTIALLY ANNOTATED)
BILIOGRAPHIE (PARTIELLEMENT ANNOTEE)

Drayton, Richard, and Andaiye, eds. *Conversations, Essays, Addresses and Interviews, 1953-1990*. London: Karia, 1992.

Lamming, George, ed. *Cannon Shot and Glass Beads: Modern Black Writing*. London: Pan, 1974. Anthology; edited with an introduction by Lamming.

Lamming, George. *En el Castillo de mi Piel*. Havana: Casa de las Americas, 1979. Translation of *In the Castle of My Skin* by Maria Teresa Ortega. Autobiographical novel.

———. *In the Castle of My Skin*. London: Michael Joseph, 1953; New York: McGraw-Hill, 1953, 1954; New York: Collier, 1953, 1970; London: Longman Caribbean, 1970, 1979, 1986; New York: Schocken, 1983 (with an introduction by Lamming); Ann Arbor: University of Michigan, 1991 (with introduction to 1983 edition). Autobiographical novel.

———. *Natives of My Person*. New York: Holt, Rinehart & Winston, 1971; London: Longman Caribbean, 1972; London: Pan Books,1974; London and New York: Allison & Busby, 1986; Ann Arbor: University of Michigan, 1992. Novel.

———. *Of Age and Innocence*. London: Michael Joseph, 1958; London and New York: Allison & Busby, 1981. Novel.

———. *Partes de Mi Ser*. Havana: Casa de las Americas, 1979. Translation of *Natives of My Person* by Maria Teresa Ortega.

———. *Season of Adventure*. London: Michael Joseph, 1960; London and New York: Allison & Busby, 1979. Novel.

———. *The Immigrants*. London: Michael Joseph, 1954; New York: McGraw-Hill, 1955; London and New York: Allison & Busby, 1980. Novel.

———. *The Pleasures of Exile*. London: Michael Joseph, 1960; 1983 (with an introduction by Lamming); London and New York: Allison & Busby, 1984 (with Lamming's introductionto the 1983 edition); Ann Arbor: University of Michigan, 1992. Intellectual and cultural history.

———. *Water with Berries*. London: Longman Caribbean, 1971; New York: Holt, Rinehart & Winston, 1972 (with a different ending). Novel.

SUR L'AUTEUR

GEORGE LAMMING est né le 8 Juin 1927 au village de Carrington à la Barbade. Il fréquenta l'Ecole de Garçons de Roebuck et le prestigieux Lycée de Combemere. Très tôt, il reçut les encouragements de Frank Collymore, son maître et mentor, et éditeur du journal littéraire, *BIM*. Lamming quitta la Barbade pour Trinidad en 1946 et se rendit en Angleterre en 1950. Il a élu domicile à Londres pendant quelques vingt-cinq années. Au cours de cette période, il publia six romans et une très influente collection d'essais, *Les Plaisirs de l'Exil* (1960). En ce moment, il élit domicile à la Barbade où il reste activement engagé dans la vie culturelle de la Caraïbe. Des prix et des décorations comprennent un Guggenheim, le Prix de Sommerset Maugham, une bourse universitaire du Conseil Canadien, une subvention de la Fondation du Commonwealth Britannique, et le grade de Docteur honoris causa de l'Université des West Indies.